ANÁLISIS DE UN EXAMEN ESTANDARIZADO
El caso del examen departamental de morfosintaxis de la segunda lengua de la facultad de idiomas UABC

editorial **fontamara**

MONTABER

ANÁLISIS DE UN EXAMEN ESTANDARIZADO
El caso del examen departamental de morfosintaxis de la segunda lengua de la facultad de idiomas UABC

José Manuel Casillas Domínguez

MONTABER

AÑÁLISIS DE UN EXAMEN ESTANDARIZADO.
EL CASO DEL EXAMEN DEPARTAMENTAL DE MORFOSINTAXIS
DE LA SEGUNDA LENGUA DE LA FACULTAD DE IDIOMAS UABC
1.ª edición (2023), Editorial Fontamara, SA de CV, México, ISBN 978-607-736-813-7
2.ª edición, octubre 2024

© José Manuel Casillas Domínguez
© Universidad Autónoma de Baja California
© Editorial Fontamara, SA de CV
© de esta edición, ICG Marge, SL

Edita: Montaber
Director editorial: David Soler
Brutau, 160 – 08203 Sabadell (Barcelona)
Tel. 931 429 486 – montaber@montaber.es
www.montaber.es

ISBN: 978-84-10238-48-0

PREFACIO

En la Facultad de Idiomas de la Universidad Autónoma de Baja California (UABC) se cuenta con el examen departamental de Morfosintaxis de la Segunda Lengua, el cual fue elaborado por docentes de la institución con apoyo del Instituto de Investigación y Desarrollo Educativo (IIDE) de la misma universidad, con los siguientes propósitos:

a) Conocer el grado de dominio que el alumnado ha obtenido sobre la unidad de aprendizaje que cursa.
b) Verificar el grado de avance del programa de la unidad de aprendizaje de conformidad con lo establecido en el estatuto.
c) Conocer el grado de homogeneidad de los aprendizajes logrados por el alumnado de la misma unidad de aprendizaje que recibieron el curso con distintos profesores (UABC, 2009).

Este examen fue aplicado por primera vez en mayo de 2017 en la Facultad de Idiomas. Sin embargo, aún no se cuenta con estudios que demuestren su efectividad.

Evidentemente, para poder cumplir con los propósitos antes mencionados, es importante contar con instrumentos que hayan sido sometidos a un riguroso proceso de análisis y validación. El Diario Oficial del Instituto Nacional para la Evaluación Educativa (INEE), con fecha 10 de mayo de 2016, establece que "es fundamental que un instrumento de evaluación cuente con la calidad técnica necesaria para proporcionar resultados confiables que van de acuerdo con el objetivo de la evaluación".

Esa es la razón por la cual en este libro se expone un análisis estadístico de revisión de los resultados del examen, así como un análisis estadístico de revisión de los ítems y uno más del procedimiento para la elaboración del examen.

Es necesario considerar en estos análisis, que los exámenes estandarizados son instrumentos que tienen un alto impacto en los evaluados. Por esa razón, se considera importante que todo examen de este tipo cuente con la metodología requerida y adecuada para su elaboración, durante su aplicación y en el proceso de análisis de los resultados. Sin estos lineamientos no se puede saber con certeza el grado de dominio del contenido por parte de los estudiantes que fueron evaluados.

Si bien en la Facultad de Idiomas de la UABC se cuenta con los diferentes instrumentos utilizados en el desarrollo del examen de Morfosintaxis de la Segunda Lengua, hace falta aún elaborar informes sobre los procesos llevados a cabo en la elaboración de éste. Por otro lado, es importante reconocer que hasta la fecha no se han podido realizar estudios sobre los resultados de los exámenes. Estas son las principales razones por las que es prioritario que se lleve a cabo un análisis del examen departamental de Morfosintaxis de la Segunda Lengua, desde su elaboración hasta los resultados arrojados.

De esta necesidad surgió la siguiente pregunta: ¿cuál es el grado de efectividad y de calidad técnica del examen departamental de Morfosintaxis de la Segunda Lengua para medir el desempeño de los estudiantes y el grado de homogeneidad en la materia? Digámoslo de otra manera: ¿qué tan efectivo es un examen de este tipo? Y, más aún, ¿un examen de este tipo es realmente fiel a lo que los estudiantes saben, manejan y experimentan?

En el contenido de este libro se desarrollan los distintos análisis mencionados en la búsqueda de una o varias respuestas a las preguntas anteriores, así como de posibles propuestas. Con ellas se pretende determinar la efectividad del examen departamental de Morfosintaxis de la Segunda Lengua , pero también se busca compartir una reflexión entre los docentes de nivel licenciatura en la enseñanza de la segunda lengua, con la finalidad de hacer conciencia sobre este tipo de exámenes, construir críticas, proponer estrategias y modificaciones, exponer dudas, crear debates y promover mejores calibraciones entre colegas, que lleven a una observación crítica para realizar las mejoras necesarias, si son requeridas, en los exámenes departamentales antes de definir porcentajes inamovibles al alumnado en la asignatura.

Introducción

Si bien la elaboración del examen departamental de Morfosintaxis de la Segunda Lengua se siguió bajo un protocolo riguroso con apoyo del IIDE de la Universidad Autónoma de Baja California (UABC), y a pesar de que dicho examen fue aplicado por primera vez en mayo de 2017, a la fecha no se cuenta con una medición de los resultados. Esto, como comenta Fein (2012), limita la utilidad del examen y, por consecuencia, su efectividad.

La UABC contempla que la Unidad Académica (UA) debe asignar un valor a los exámenes que imparte. El valor debe ser entre 10 y 50% de la calificación total del estudiante, aunque el docente que imparte la clase puede elevar el porcentaje hasta 80%. Sin embargo, para poder asignar un porcentaje de evaluación a la asignatura, en este caso por medio del examen departamental, éste debe contar con cierto grado de validez, pues de lo contrario afecta de manera directa al alumnado en su calificación.

Por otra parte, dicho examen tampoco debería ser considerado para medir el grado de homogeneidad de los alumnos que toman la materia con diferentes docentes, pues representa una valoración injusta para los docentes mismos. Esto hace ver que el hecho de contar con un examen departamental implica un alto grado de responsabilidad debido a que sus resultados definitivamente tienen consecuencias para los alumnos, docentes, inclusive para la asignatura. Por tal motivo, la realización de la investigación que rige este libro se dio como una tarea para responder a una serie de preguntas con la finalidad, como se mencionó en el prefacio, de conformar reflexiones, construir críticas, manifestar opiniones y, posiblemente, crear debates que promuevan mejores calibraciones para contar con evaluaciones más confiables y con procesos más eficientes.

Si lo que se busca es conocer el grado de efectividad y de calidad técnica del examen departamental de Morfosintaxis de la Segunda Lengua para medir el desempeño de los estudiantes y el grado de homogeneidad de la materia, tal vez podríamos comenzar por preguntarnos ¿qué tan efectivo es un examen departamental? Mejor aún, ¿realmente un examen de este tipo es fiel a lo que los estudiantes saben, manejan y experimentan?

Estamos hablando de conceptos cuantitativos que implican necesariamente elementos cualitativos, pues abordamos no sólo la calidad técnica del examen, sino su efectividad en cuanto al desempeño de los estudiantes, lo cual, si bien puede medirse bajo parámetros matemáticos y estadísticos, puede llegar a ser subjetivo al abordar la homogeneidad en la materia bajo la didáctica de distintos docentes.

Esto lleva a nuevas preguntas, a saber:

¿Es posible saber cuál es el nivel de dominio que el alumno ha obtenido sobre la materia de Morfosintaxis de la Segunda Lengua?

¿Cuál es el grado de homogeneidad de los aprendizajes logrados por los alumnos de la materia de Morfosintaxis de la Segunda Lengua que recibieron el curso con distintos profesores?

Ahora bien, dependiendo del grado en el que sea posible hacer las mediciones anteriores, podríamos tratar de saber cuál es el grado de calidad técnica con el que cuenta el examen de morfosintaxis para medir el nivel de dominio de los alumnos en la materia y el grado de homogeneidad.

Siguiendo el patrón de las preguntas y la lógica estadística, hipotéticamente podemos considerar que, a mayor efectividad del examen departamental, mayor su capacidad para medir el desempeño de los estudiantes y el grado de homogeneidad. Y esto nos lleva a otra serie de sentencias lógicas como: a mayor puntuación obtenida por parte de los alumnos en el examen, mayor es el dominio de los alumnos en la materia. A mayor acercamiento de la media entre grupos, mayor el grado de homogeneidad y, de hecho, a menor dispersión en la desviación estándar de Tijuana y Mexicali, también será mayor el grado de homogeneidad. Asimismo, a mayor acercamiento del índice de dificultad a $\geq.20$ y $\leq.80$, mayor será el grado de validez. Además de estas posibilidades, podemos decantar un listado de hipótesis que pueden ayudar a responder las preguntas bajo el mismo patrón cuantitativo de medición:

- A mayor el grado de discriminación de los ítems, mayor es el grado de calidad técnica.
- El punto biserial del examen cuenta con una correlación por encima del .10.

Pero también podemos considerar un par de hipótesis que, sin alejarse del factor cuantitativo, abraza algunos aspectos subjetivos, pues su aplicación depende totalmente de lo que cada docente o estudiante consideren como información óptima y adecuada a lo largo de los procesos como:

- A mayor información sobre los procesos para la aplicación del examen antes, durante y después de la aplicación, mayor validez.
- A mayor relación entre los contenidos de la asignatura y los contenidos del examen, mayor validez.

Capítulo I
La necesidad de conocer la efectividad del examen departamental de Morfosintaxis de la Segunda Lengua

Tras haber definido lo que interesa indagar, las razones por las que es imprescindible contar con una valoración confiable de este tipo de exámenes y proponer algunas posibles respuestas para, a partir de ellas, abordar un desarrollo congruente, las preguntas recién formuladas llevan indudablemente a definir varias tareas que esperamos cumplir en el proceso:

- Determinar la efectividad del examen departamental de Morfosintaxis de la Segunda Lengua.
- Examinar el grado de dominio de los estudiantes sobre la materia.
- Analizar el grado de homogeneidad de los aprendizajes logrados por los alumnos que recibieron el curso con distintos profesores.
- Analizar la desviación estándar de los resultados obtenidos en la ciudad de Mexicali y los obtenidos en la ciudad de Tijuana.
- Analizar el grado de discriminación de los ítems del examen de Morfosintaxis de la Segunda Lengua.
- Analizar el índice de dificultad del examen.
- Analizar los diferentes informes elaborados para cada proceso realizado antes, durante y después de la aplicación del examen.
- Analizar los contenidos de la asignatura y los contenidos del examen.

Importancia de los exámenes departamentales

En su Estatuto Escolar, la UABC tiene contemplada la aplicación de exámenes departamentales, que son indicadores importantes de los logros alcanzados por los estudiantes que son sometidos a este tipo de evaluación, pero dichos logros no son lo único que busca medirse. Los exámenes arrojan también otro indicador importante, que es el grado de homogeneidad de los aprendizajes logrados por los alumnos de la misma unidad de aprendizaje tras haber recibido el curso con distintos profesores. Para arrojar ambos datos, los exámenes estandarizados en el ámbito departamental son, hasta ahora, los que permiten llevar a cabo este tipo de análisis.

En el caso de la Facultad de Idiomas, actualmente se cuenta con el examen departamental de Morfosintaxis de la Segunda Lengua para realizar ese tipo de valoraciones. Sin embargo, como se ha mencionado, dicho examen no cuenta con los estudios necesarios que demuestren su efectividad, razón por la cual cualquier decisión que se pudiera tomar con base en los resultados del examen podría afectar de manera negativa a los estudiantes. Esto no significa en ningún sentido que se considere poco importante a la evaluación estandarizada, al contrario, se considera sumamente importante y se reconoce que podría aportar mucho al plan de estudios. Sin embargo, este tipo de evaluaciones debe ser realizado con responsabilidad, lo que implica que sus exámenes sean elaborados bajo los más altos estándares de calidad. De acuerdo con Fein (2012), la utilidad de una evaluación es limitada por la calidad de medición que lo respalda.

Por tal razón, es importante que un examen estandarizado siga un riguroso proceso de validación antes, durante y después de ser implementado, de lo contrario, el impacto que podría tener en los docentes, directivos o en el plan curricular, podría ser negativo. Siguiendo con Fein (2012), este tipo de evaluaciones se lleva a cabo durante el desarrollo de un programa, y normalmente afecta la manera en que éste se implementa. Asimismo, puede ser usado para evaluar la efectividad de un instructor o docente y poder así determinar si éste debe continuar, ser capacitado o, en todo caso, reemplazado.

El propósito de validar el proceso de un examen departamental de este tipo es tener certeza en que la evaluación, tanto del alumnado como de docentes, es confiable para poder así tomar las decisiones adecuadas con base en los resultados.

Al respecto, el INEE publicó en su *Diario Oficial* de abril de 2018 lo siguiente:

Uno de los aspectos fundamentales que debe llevarse a cabo antes de emitir cualquier resultado de un proceso de evaluación es el análisis psicométrico de los instrumentos que integran la evaluación, con el objetivo de verificar que cuentan con la calidad técnica necesaria para proporcionar resultados confiables acordes con el objetivo de la evaluación.

Velasco (2011) comenta que si el objetivo de los exámenes educativos fuera separar a los estudiantes en dos grupos: los que tienen un nivel determinado de aprendizaje y aquellos que no pueden demostrarlo, se podría comprender la necesidad de tomar las medidas necesarias para asegurar que el criterio con el que se efectúa esa separación es suficientemente objetivo, adecuado, y toma en cuenta las principales variables que pudieran afectar el puntaje que arroja.

Sin embargo, no siempre se realiza un análisis del examen antes de ser aplicado. En ocasiones, dicho análisis se elabora incluso después de su aplicación. El examen ENLACE, por ejemplo, se ha aplicado en primarias y secundarias de México desde 2006, pero no fue sino hasta el 1 de octubre de 2013 que se firmó un convenio para la realización de un estudio de validación de la prueba (Martínez, 2015).

Otro caso es el de la Universidad Iberoamericana, Ciudad de México (UIA). En esta universidad, los exámenes departamentales son aplicados en diferentes asignaturas con el objetivo de evaluar el nivel de logro de los alumnos y los avances en el cumplimiento de los programas de las materias. Cada departamento tiene la libertad de definir y decidir en qué materias se aplica este tipo de instrumentos, así como la responsabilidad de diseñarlos y validarlos (Caudillo, Miranda, Sánchez-Corral y Segrera, 2007).

Sin embargo, en 2014 la UIA realizó un sondeo sobre los exámenes departamentales que se aplican en sus diferentes programas educativos. En el sondeo se identificó una falta de seguimiento a este tipo de exámenes, y entre las cosas que destacan se identifican:

- El uso que se les da a los resultados.
- Que existe un alto índice de reprobación en varios casos.
- Falta de criterios para seleccionar las materias donde se aplicarán las evaluaciones departamentales.
- En la mayoría de los casos no se contaba con capacitación sobre diseño, aplicación y manejo de resultados de las evaluaciones departamentales (Caudillo, Miranda, Sánchez-Corral y Segrera, 2007).

También se cuenta con el caso de la Facultad de Idiomas y su Examen de Egreso del Idioma Inglés (EXEDII), el cual empezó a aplicarse en 1999, pero no fue sino hasta 2011 en que se presentaron los resultados de su validez (Velasco, 2011).

Como se puede ver, son muchos los casos donde se aplican instrumentos de evaluación, ya sea a mediana o a gran escala, sin que se hayan realizado análisis previos que demuestren su calidad técnica, no obstante que este es un paso fundamental para una evaluación estandarizada. De acuerdo con Varma (2003), si un examen no es confiable y no cuenta con la validez requerida, los puntajes obtenidos por los estudiantes no serán confiables o válidos y, por lo tanto, no son un indicador del nivel de manejo del estudiante sobre el contenido.

Capítulo II
Genealogía de los exámenes estandarizados

Antecedentes y principios de los exámenes estandarizados

La historia de los *tests* psicológicos data de finales del siglo xix, con James Mc Keen Cattell, quien fue uno de los pioneros en la construcción de exámenes psicológicos. De acuerdo con Pillsbury (1997), Cattell fue también uno de los fundadores de la American Psychological Association (apa) en 1892, y fue el presidente de esta asociación en 1895. Por otro lado, Sokal (1984) comenta que Cattell declaró haber sido el primer científico en usar el término *mental test*, sin embargo, aunque sus estudios no fueron tan exitosos como él hubiera querido, inspiró a muchos científicos a desarrollar más *tests*.

Más tarde, a principios del siglo xx, el término *mental test* fue reemplazado por *psychological testing*, de acuerdo con Jansz y Drunen (2004, citados por Mulberger, 2017). Dicho término fue usado por primera vez por Binet y Simon. Mullberger comenta que, al contrario de los exámenes de Cattell, los exámenes desarrollados por Binet y Simon eran más parecidos a las tareas cotidianas, por ejemplo, decir la hora usando un reloj, seguir instrucciones, nombrar objetos, etc. Dichos exámenes evaluaban procesos mentales más complejos, como la memoria, el pensamiento abstracto, habilidades del lenguaje, comprensión, entre otros.

Los exámenes de Binet fueron usados en escuelas y colegios, y para 1916 había tantos psicólogos desarrollando este tipo de exámenes que muchos de ellos intentaron estandarizarlos. Aun así, los *tests* no eran conocidos por todos hasta el inicio de la Primera Guerra Mundial, en 1917, cuando los miembros de la apa se reunieron para decidir cómo podrían ayudar a su país. El resultado fue la creación de dos exámenes de inteligencia estandarizados. Dichos exámenes eran el *alpha test* para hombres que sabían leer en inglés, y el *beta test* para aquellos que no sabían leer o para los extranjeros que sólo sabían leer en su idioma (Sokal, 1984).

Después de la guerra, muchas instituciones educativas querían usar el *alpha test* como parte del proceso de su inscripción. Más tarde, en 1926 desarrollaron el primer examen Scholastic Aptitude Test (mejor conocido como SAT, por sus siglas en inglés), el cual tenía como objetivo medir la habilidad verbal y no la inteligencia, como muchos pensaron en un principio (Sokal, 1984).

Cabe mencionar que en esos años no se contaba con una marcada diferencia entre un *test* y un experimento psicológico como método, de acuerdo con Winston (1990, citado por Mulberger, 2017). Fue hasta después de la década de 1930 cuando surgió una definición más clara. Esta diferencia tan marcada nació de una publicación hecha por Woodworth en 1938, donde nombró al *test* como un método correlacional y aclaró que éste no incluía una variable independiente y, por tanto, no estudiaba de manera directa la causa y el efecto, tal como lo hace el método experimental. Años más tarde, Boring (1950) también dejó claro que administrar un examen no es lo mismo que llevar a cabo un experimento.

Otro punto clave en la historia de los *tests* fue cuando Estados Unidos decidió intervenir en la Segunda Guerra Mundial. Esto debido a que el ejército de Estados Unidos recurrió una vez más a la APA para que les apoyara con instrumentos de ayuda para reclutar a ciudadanos con la finalidad de convertirlos en soldados. El resultado fue una batería de exámenes de aptitud múltiple o pruebas diferenciales que permitían la evaluación de funciones más específicas y la clasificación de personal para tareas especializadas, como las que realizan pilotos, bombarderos, operadores de radio, etc. (Herrera, 1998).

Después de la Segunda Guerra Mundial, la evaluación educativa también se apoyó de las mediciones objetivas estandarizadas. En este periodo surgieron varios exámenes objetivos, entre ellos el Graduate Record Examination (GRE, por sus siglas en inglés). Dicho examen medía el razonamiento verbal, el razonamiento cuantitativo y la escritura analítica, y ha sido actualizado con el paso de los años y sigue vigente en la actualidad (GRE, 1999-2022).

La medición y los *tests*

Es importante resaltar que, de la misma forma en que fueron evolucionando los *tests*, también fue evolucionando la manera de medirlos. De acuerdo con Williams, Zimmerman, Zumbo y Ross (2003), la mayoría de los psicólogos y muchos otros científicos han visto al libro de Harold Guliksen, *Theory of Mental Tests* (1950), como el tratamiento definitivo de la teoría clásica de los *tests* mentales. Sin embargo, comentan ellos mismos que es justamente Gulliksen quien da crédito a Spearman por sus fórmulas al escribir lo siguiente en la primera página del libro: "Casi todas las fórmulas básicas que son particularmente útiles en la teoría de los *tests*, se encuentran en los primeros textos de Spearman" (1904a, 1904b:59).

Spearman, también considerado como el padre de la teoría clásica de los *tests*, desarrolló una técnica estadística para analizar la correlación entre distintas variables, conocida como Análisis Factorial (Biblioteca de Psicología, 2015). Otro autor que concuerda con esta idea es José Muñiz, quien menciona que la teoría clásica de los *tests* hinca sus raíces en los trabajos pioneros de Spearman de principios del siglo XX (Spearman, 1904, 1907, citado por Muñiz, 2010).

Muñiz (2010) también comenta que, a partir de las publicaciones de Spearman, se produjo un rápido desarrollo, y para 1950, Gulliksen (1950) lleva a cabo la síntesis canónica de la teoría clásica de los *tests*. De acuerdo con Abad, Garrido, Olea y Ponsoda (2016), la síntesis mencionada por Muñiz fue titulada Theory of Mental Tests.

En la Teoría Clásica de los Tests (TCT), Muñiz menciona:

> Spearman considera que la puntuación empírica de un sujeto en una prueba, puntuación que llamaremos X, consta de dos componentes: la puntuación que verdaderamente le corresponde en esa prueba, que llamaremos V, y un cierto error, *e*. Es decir, formalmente el modelo se podría expresar así: $X=V+e$, donde X es la puntuación empírica obtenida, V la puntuación verdadera y *e* el error de medida (Muñiz, 1998:7).

Años más tarde, se inició un nuevo modelo para medir la validez de exámenes. Según Abad, Garrido, Olea y Ponsoda:

> En la década de los sesenta aparecen dos libros, uno de Rasch y otro de Lord y Novick, donde se describen los primeros desarrollos de una nueva perspectiva en el estudio de las propiedades psicométricas de los tests, la Teoría de la Respuesta al Ítem (TRI), que pretende resolver algunos de los problemas que plantea la TCT (Abad, Garrido, Olea y Ponsoda, 2016)

Holster (2016) concuerda con Abad, Garrido, Olea y Ponsoda (2016) al comentar que la publicación de Rasch trajo respuesta al problema que se generaba al momento de realizar análisis con el modelo de la TCT. En la TCT, los resultados dependían de la muestra, es decir, variaban de acuerdo con la muestra. Sin embargo, en el modelo Rasch se llevan a cabo estadísticas que no dependen de una serie de ítems o de examinados, ya que los resultados son independientes de las muestras siempre y cuando se lleve a cabo una serie de condiciones.

Por otra parte, Mead (2008) hace un esfuerzo por diferenciar entre el modelo Rasch y la TRI. Mead comenta que una de las razones por las cuales se debería usar el modelo

Rasch es su facilidad de usar, en comparación con la TRI. Este dato hace creer que, si bien el modelo Rasch ayudó a resolver algunos de los problemas que se tenían con la TCT, en la actualidad se busca que se mantenga independiente de la TRI.

Asimismo, surgió una publicación de Lord y Novick titulada *Statistical Theories of Mental Test Scores*, la cual tenía como meta principal pulir la sofisticada habilidad e intuición del lector en la interpretación de datos de exámenes mentales y en la elaboración y uso de exámenes mentales, tanto como instrumentos de teoría psicológica como herramientas, en los problemas prácticos de selección, evaluación y guía (Lord y Novick, 1968).

Algunos de los investigadores que continuaron aportando a la TRI después de 1968 han sido Birnbaum, Ross, y Samejima, quienes contribuyeron a un modelo más completo. Más tarde, en los años ochenta, el trabajo relacionado con la TRI aumentó con una metodología, y los programas informáticos y procedimientos para unir y sacar ecuaciones fueron desarrollados aún más por Lord, Wingersky, Stocking, Pashley, Holland y Mislevy, entre otros (Carlson y Von Davier, 2013).

Pruebas objetivas

Las pruebas objetivas empezaron a ser desarrolladas a principios de la década de 1920. Dichas pruebas eran de respuesta abierta breve, especialmente de opción múltiple. Las primeras pruebas de este tipo fueron los Scholastic Aptitude Test (SAT), mismos que fueron administrados en 1926 (Martínez-Rizo, 2016).

Más tarde, surgió la necesidad de elaborar diferentes versiones del mismo examen y asegurar que los resultados se mantuvieran estables. Según Donlon (1984, citado por Martínez-Rizo, 2016:2), "un avance importante fue la equiparación de versiones y el cuidado de la estabilidad de la prueba a lo largo del tiempo, que comenzaron a hacerse en 1941".

En la actualidad, existen diferentes exámenes que se aplican en gran escala a nivel internacional y nacional. Muchos de ellos son de ingreso a diferentes instituciones de educación superior. Otros tienen como objetivo identificar indicadores en áreas como lectura, matemáticas, etc., evaluar el currículo en educación básica o evaluar el nivel de aprovechamiento de los estudiantes. También existen exámenes que evalúan el nivel de manejo de una lengua y aquellos que evalúan el nivel de aprovechamiento de una asignatura.

A continuación, se presentan algunos de los exámenes estandarizados internacionales y nacionales que se aplican en la actualidad.

Exámenes internacionales

- Scholastic Aptitude Test (SAT). Este examen fue aplicado por primera vez en Estados Unidos, en 1926, a estudiantes como requisito de ingreso a la universidad. En un principio, el examen evaluaba definiciones, problemas aritméticos, clasificación, la lengua, antónimos, números, analogías, inferencias lógicas y redacción de párrafos. Sin embargo, a lo largo de los años dicho examen ha ido evolucionando en la manera en que mide el conocimiento de los estudiantes. Hoy en día, el examen mide el razonamiento verbal y el matemático (Lawrence, Rigol, Van Essen y Jackson, 2003).
- Graduate Record Examinations (GRE). Se inició a principios de la década de 1930. Dicho examen tiene como meta evaluar de manera objetiva a estudiantes provenientes de diferentes preparatorias en Estados Unidos para ingresar a la educación superior (GRE, 2008). El examen sigue vigente en la actualidad.

En lo que a México respecta, en las últimas décadas la educación ha sido evaluada por diferentes tipos de exámenes estandarizados. Algunos de ellos son de carácter internacional, otros nacionales, y otros exámenes han sido aplicados a nivel facultad.

Exámenes internacionales aplicados en México

- PISA. Es un examen de carácter internacional, fue aplicado por primera vez en México en el 2000 a estudiantes de 15 años que se encontraban concluyendo la educación básica. Su objetivo fue obtener indicadores sobre el rendimiento en las áreas de lectura, matemáticas y ciencias, para contar con elementos que permitieran influir en la definición de las políticas educativas e identificar y difundir los factores que, en cada sistema educativo, favorecieran el desarrollo de competencias y aptitudes (Padilla, 2009).
- TOEFL IBT. El TOEFL IBT fue aplicado por primera vez en 1964, y tiene como objetivo evaluar el nivel de competencia en el manejo del idioma inglés en estudiantes cuya lengua materna es otra, y que intentan estudiar en instituciones donde el idioma inglés es usado como lengua de instrucción (TOEFL, 2018).
- El International English Language Testing System (IELTS). Es un examen que evalúa el nivel de competencia en el manejo del idioma inglés. Dicho examen es un requisito de ingreso para estudiantes foráneos que desean estudiar en países donde la lengua materna es el idioma inglés (British Council, 2019).

Exámenes nacionales

- ENLACE. De acuerdo con la página oficial de la Evaluación Nacional de Logro Académico en Centros Escolares (ENLACE) (2014), se trata de una prueba del Sistema Educativo Nacional que se aplica a planteles públicos y privados del país. Dicho examen tiene como propósito generar una escala de carácter nacional que proporcione información comparable de los conocimientos y habilidades que tienen los estudiantes en los temas evaluados, y fue aplicado por primera vez en 2006.
- PLANEA. Este examen fue aplicado por primera vez en 2015 a estudiantes de sexto de primaria, tercero de secundaria y del último grado de educación media superior, y tiene como objetivos:
  1. Conocer la medida en que los estudiantes logran el dominio de un conjunto de aprendizajes esenciales al término de los distintos niveles de la educación obligatoria.
  2. Ofrecer información contextualizada para la mejora de los procesos de enseñanza en los centros escolares.
  3. Informar a la sociedad sobre el estado que guarda la educación, en términos de logro de aprendizajes de los estudiantes.
  4. Aportar a las autoridades educativas la información relevante y utilizable para el monitoreo, la planeación, programación y operación del sistema educativo y sus centros escolares.
- EXCALE. De acuerdo con Martínez *et al.* (2015), estas pruebas se aplicaron por primera vez en 2005. Su objetivo es valorar el grado en que los alumnos alcanzan los aprendizajes que establecen los planes y programas de estudio. Una característica importante de las pruebas es que no tienen como objetivo entregar resultados individuales, sino del sistema educativo en conjunto.
- EXHCOBA. El Examen de Habilidades y Conocimientos Básicos es una prueba de admisión a diferentes universidades del país que sigue vigente. Dicho examen fue elaborado por la UABC en cooperación con la ENEP-Iztacala (Backhoff y Tirado, 1992).
- CENEVAL. El Centro Nacional para la Evaluación de la Educación Superior (CENEVAL) fue creado en 1994 y tiene como objetivo elaborar y administrar exámenes para el ingreso a la educación media superior y superior, exámenes de diagnóstico, egreso, acreditación y certificación, entre otros (López, 2017). Entre estos exámenes existen el EXANI-I, EXANI-I Admisión, EXANI-I Diagnóstico, y también existen los exámenes de egreso de licenciatura EGEL.

Exámenes departamentales

Otro tipo de evaluación estandarizada son los exámenes departamentales. Dichos exámenes evalúan de manera objetiva los aprendizajes alcanzados por los estudiantes de una asignatura. De acuerdo con el Estatuto Escolar de la UABC, los exámenes departamentales son evaluaciones de carácter institucional, los cuales permiten conocer el grado de aprendizaje de los estudiantes inscritos en un programa educativo, y tienen el propósito de disponer de la información adecuada para valorar los resultados del proceso educativo y propiciar su mejora continua (Gaceta UABC, 2018).

Finalmente, se tiene que comentar que la evaluación de exámenes a gran escala ha ido avanzando con el tiempo y ha permitido medir el nivel de conocimiento de los estudiantes, trayendo consigo diferentes áreas de mejora en la educación y dando la oportunidad de atenderlas.

Capítulo III
Examen departamental: definición, características y condicionantes

El reglamento interno para la aplicación de exámenes departamentales del Centro Universitario de Ciencias Biológicas y Agropecuarias (CUCBA) de la Universidad de Guadalajara define, en su artículo tercero, al examen departamental como "un instrumento de evaluación teórico-práctico del proceso de enseñanza-aprendizaje, el cual se diseña colegiadamente en las Academias respectivas" (CUCBA).

Asimismo, de acuerdo con la página de internet de la Facultad de Ingeniería Campus Mexicali de la UABC, un examen colegiado se define de la siguiente manera: "se entiende como colegiado un examen que es construido e instrumentado por un grupo de profesores de la misma área de conocimiento" (UABC, 2022).

Como podemos observar, a pesar de que la UG y la UABC utilizan diferentes términos para el tipo de evaluación que se desea analizar en este trabajo de investigación, las definiciones que manejan tienen aspectos en común, por ejemplo, ambas universidades mencionan que dichos exámenes deben ser elaborados de manera colegiada y ambos incluyen como uno de los objetivos de los exámenes, medir los resultados.

Sin embargo, para efectos de este libro, se hará uso del término examen departamental con el objetivo de referirnos a los exámenes elaborados de manera colegiada que incluyan los contenidos de una materia y que tengan como uno de sus propósitos medir el conocimiento adquirido sobre la materia por los estudiantes.

Grado de validez en el examen departamental

Uno de los objetivos en el desarrollo de este libro fue identificar el grado de validez del examen departamental de Morfosintaxis de la Segunda Lengua. Para ello fue necesario, primero, conocer a qué referimos cuando hablamos de validez en un examen de alto impacto, departamental y a gran escala.

De acuerdo con Osterlind (1998), la validación de un examen es un proceso de reunir evidencia. Como fue mencionado en la descripción, existen diferentes métodos para evaluar y documentar evidencia que justifique una inferencia.

Nunnally (1987) explica que no se valida un instrumento de medición, sino el uso que se le da, y agrega que, antes de aprobar la validez de las medidas de un examen, es necesario asegurarse de la validez mediante el plan y los procedimientos de construcción.

Por otro lado, el enfoque basado en el argumento de la validación busca evaluar las afirmaciones inherentes a la interpretación y el uso, mientras que evita la complejidad innecesaria, pero enfoca el esfuerzo de validación en una especificación explícita de las inferencias y suposiciones inherentes a la interpretación propuesta (Kane, 2016).

Cómo se puede observar, Osterlind, Nunnally y Kane concuerdan en que la validez no existe en un instrumento, sino en el proceso de reunir evidencias y en las inferencias que se obtienen en la interpretación de los resultados.

Ahora bien, Aiken (2003) explica que, cuando se hace un cuestionario para obtener una medida de los trastornos psicosomáticos, debemos probar que los puntajes del *test* realmente distinguen los grados de los trastornos psicosomáticos y no otras diferencias. En otras palabras, para que un examen tenga validez debemos asegurar que mida lo que dice medir.

Al igual que Aiken, Varma (s./f.) también menciona que la validez indica si un examen está midiendo lo que dice medir. Y ejemplifica con un examen de algebra. Comenta que un examen de algebra debería medir la competencia de los estudiantes en algebra. Sin embargo, si incluye problemas redactados, dicho examen puede convertirse en un reto para estudiantes con un bajo nivel de inglés. Esto debido a que estaría midiendo algebra y también su habilidad para manejar el idioma inglés.

Como podemos ver, existen diferentes conceptos sobre validez entre los autores antes mencionados. Algunos de ellos consideran que la validez debe ser asegurada mediante el plan y los procedimientos de construcción, mientras que otros argumentan que la validación busca evaluar las afirmaciones inherentes a la interpretación de los resultados del examen, y otros más consideran que la validación de un examen es asegurar que dicho instrumento evalúa lo que dice evaluar.

Para el desarrollo del presente libro, se consideraron los diferentes aspectos de validez mencionados en este apartado. Ello con el objetivo de contar con una amplia medición de validez, lo cual permitió obtener los elementos suficientes para decidir si el examen de Morfosintaxis de la Segunda Lengua cuenta o no con validez.

Índices de identificación del examen departamental

- Índice de dificultad P: Según Anastasia y Urbina (1998), el índice de dificultad, representado por la letra "P", se define en términos del número de personas que contestan correctamente un reactivo. Entre más sencillo sea el reactivo, más elevado será el porcentaje.
- Índice de discriminación D: De acuerdo con Aiken (2003), el índice de discriminación ayuda a identificar el número de alumnos con mayores promedios que aciertan un ítem y, al mismo tiempo, el número de alumnos con los promedios más bajos que acertaron el mismo ítem. Esta medida ayuda a conocer el comportamiento de un ítem y sus distractores. Aiken lo define así:

> El índice de discriminación del reactivo (D) es una medida de la eficacia de un reactivo para discriminar entre quienes obtienen altas y bajas calificaciones en una prueba. Mientras más elevado sea el valor de D, resulta más eficaz para establecer dicha distinción. Cuando (D) es igual a 1.00, todos los examinados del grupo superior y ninguno del grupo inferior en las calificaciones totales de la prueba respondieron el reactivo en forma adecuada (Aiken, 2003:66).

Coeficiente de correlación biserial *vs.* correlación del punto biserial

De acuerdo con Henrysson (1971, citado por Backhoff, Larrazolo y Rosas, 2000:16), "el coeficiente de correlación biserial (Rbis) se calcula para determinar el grado en que las competencias que mide el *test,* también las mide el reactivo". Esta correlación permite dar certeza de que, tanto el reactivo como el examen miden lo mismo.

Existe otro índice de discriminación que ayuda a comprender mejor a los ítems. El cual se llama punto biserial o correlación del punto biserial, y se representa con las siglas RPB. Mencionando a Le Blanc y Cox (2017), el objetivo de computar el punto biserial de una pregunta es determinar si ésta se debe mantener en el examen; se basa en la magnitud de su correlación y en si esta correlación es positiva o negativa. También comenta que una pregunta que tiene una elevada correlación positiva es un buen predictor de la calificación, lo cual convierte a esta correlación en informativa. Por otro lado, una pregunta con una elevada correlación negativa indica que, aquellos que contestaron de manera correcta, usualmente obtienen una calificación baja en el examen.

Otro autor que concuerda con Le Blanc y Cox es Aiken (2003:65), quien comenta que "cuanto más elevada sea la correlación entre reactivo y criterio, más preciso será el reactivo como predictor del criterio". También comenta que un reactivo con coeficiente de .20

es considerado bajo, pero que aun así podría contribuir a predecir el criterio. Sin embargo, un reactivo con un coeficiente de .00 debe ser revisado o descartado.

Es importante agregar que, para analizar los reactivos del examen de Morfosintaxis de la Segunda Lengua, se usó la correlación del punto biserial con la finalidad de determinar el número de reactivos que pueden ser buenos o malos predictores y, por lo tanto, deben o no ser modificados, o bien, ser descartados del examen.

Calidad técnica de los ítems

La calidad técnica del examen es el resultado del análisis llevado a cabo sobre los ítems y sobre el grado en que éstos encajan dentro de los criterios de calidad establecidos en un principio, como lo son: el índice de dificultad, el índice de discriminación, la correlación del punto biserial, entre otros. En un estudio realizado por Niño, Macías y Luzanilla (s./f.), se señalan los principales criterios de calidad técnica, entre los que resaltan: la dificultad del ítem, el promedio de discriminación, el promedio del Rbis (punto biserial), los distractores, entre otros. Para conocer la calidad técnica del examen de Morfosintaxis de la Segunda Lengua, tomamos en cuenta el índice de dificultad, el índice de discriminación, el punto biserial y el punto biserial corregido.

La importancia de la interpretación de los resultados/evaluación

Siguiendo a Fein (2012), las interpretaciones de los resultados de los exámenes dependen también de cómo son referenciados. Existen dos sistemas para poder referenciar los resultados: *criterion-referenced y norm-referenced*, siendo este último el utilizado en el ejercicio del presente libro. En los exámenes tipo *norm-referenced*, los resultados son comparados con los obtenidos por otros estudiantes del mismo grupo. De acuerdo con Hussain, Tadesse y Sajid (2015), los *tests* del tipo *norm-referenced* constituyen el proceso de evaluar (y calificar) el aprendizaje de los estudiantes creando juicios (y rangos) basados en el desempeño de los compañeros que presentaron el mismo examen.

Además, también es importante considerar la evaluación formativa, misma que se refiere a ciertas actividades que se realizan con el propósito de crear un juicio capaz de monitorear o mejorar un programa. Es, pues, una manera de tomar decisiones que se lleva a cabo durante el desarrollo de un programa, y normalmente afecta la manera en que dicho programa es implementado. De manera similar, estos juicios y sus decisiones resultantes pueden ser usados para evaluar la efectividad de un instructor o de la persona que capacita a alguien, con la finalidad de determinar si debe continuar, o bien, ser a su vez capacitado o reemplazado. De aquí surge la necesidad de asegurar que un instrumento de evaluación cuente con la calidad técnica necesaria antes de tomar decisiones como las antes mencionadas.

Fein (2012) comenta que la utilidad de una evaluación es limitada por la calidad de medición que lo respalda. Esta calidad es requerida por todo examen que vaya a ser utilizado para tomar decisiones tan importantes como aprobar una materia, ingresar a una carrera, entre otras.

Por tal motivo, es importante asegurar que los exámenes cuenten con una alta calidad de medición. Esta medición se puede llevar a cabo a través de la Teoría Clásica de los *Tests* (TCT), o bien, por la Teoría de Respuesta al Ítem (TRI).

Teoría Clásica de los *Tests*

Existen diferentes teorías en el ámbito de la evaluación educativa que permiten analizar los resultados de un examen y conocer el grado de calidad técnica del mismo. Si la calidad técnica es alta, se puede tener la confianza de que las decisiones que se tomen a partir de los resultados son respaldadas por el examen mismo sin problema, pero si la calidad técnica es baja, se recomienda revisar el examen para identificar las áreas de oportunidad y trabajar en ellas antes de tomar decisiones basadas en sus resultados.

Algunas de estas teorías son: la Teoría Clásica de los *Tests* (TCT), el modelo Rasch y la Teoría de Respuesta al Ítem (TRI).

La TCT es producto del esfuerzo de científicos que buscaban contar con instrumentos de medición con una calidad técnica alta. Entre ellos está Charles Spearman, quien, según Gulliksen (1950, citado por Williams, Zimmerman, Zumbo, y Ross, 2003), desarrolló muchas de las fórmulas básicas que son particularmente útiles en la TCT. Entre las aportaciones de Spearman se encuentra la fórmula Spearman's Correction for Attenuation, la cual genera un estimado de la correlación de la evaluación verdadera.

Por otra parte, Argibay (2006) comenta que podríamos preguntarnos, ya que todo instrumento tiende a tener errores de medición, en qué medida el que estamos usando es preciso en cuanto a medir los valores verdaderos de la variable que se analiza, y cuál es su grado de congruencia para medirla.

Fein (2012) concuerda con Argibay en que existe cierto nivel de error en cada evaluación, y comenta que también hay cierto nivel de error en cada examen, lo cual genera que el resultado obtenido por un examinado no refleje su verdadero nivel de competencia. Comenta, asimismo, que para reducir tal nivel de error se puede medir la precisión o confiabilidad en los resultados.

Una de las maneras para medir el error es a través de la TCT y su fórmula x = t+e, donde x es la medida observable, t es la medida verdadera y e es el error de la medida. A través de dicha fórmula se puede obtener la medida verdadera, eliminando de la sumatoria aquellos puntos obtenidos por contestar un reactivo de manera aleatoria (Williams, Zimmerman, Zumbo y Ross, 2003).

Otros aspectos que distinguen a la TCT son la confiabilidad y la validez. La confiabilidad ayuda a saber si existe consistencia en la medición. Esto es, si un alumno presenta un examen cinco veces, obtendrá un resultado parecido en cada uno de ellos. La validez, por otro lado, ayuda a que el examen antes mencionado mida lo que dice medir. Esto se lleva a cabo mediante la especificación del dominio del contenido de un examen específico, donde los ítems son redactados para que concuerden con la especificación.

Otra característica de la TCT es que se centra en la suma de los puntos obtenidos en todos los ítems. Aquí el resultado final de todas las evaluaciones es comparado con la calificación mínima para saber el grado de dominio de los contenidos del examen por parte del alumno.

Modelo Rasch

El modelo Rasch fue desarrollado por Georg Rasch en 1960, y fue publicado con el título *Probabilistic Models for Some Intelligence and Attainment Test* (Wright y Stone, 1979:7). Dicho modelo se diferencia de la TCT en varios aspectos, entre los que destacan el enfoque que se le da al constructo y los procesos matemáticos y estadísticos, siendo más sencillos para la validación de los exámenes.

La problemática con los instrumentos de evaluación antes de Rasch, de acuerdo con Wright y Stone, era la siguiente: si todos los *sets* de ítems fueran piloteados por un joven que se deseé medir, entonces se puede obtener su posición dentro del grupo de jóvenes cuya participación fue utilizada para estandarizar el examen, de acuerdo con su porcentaje. Pero ¿cómo se interpreta esta medida más allá del límite de esos *sets* de ítems y de ese grupo de jóvenes? Si se cambia a los jóvenes, se tendrá una evaluación diferente. Si se cambian los ítems, se tendrá una evaluación diferente.

Por otro lado, Mead (2008:6-7) comenta que el proceso de la medición inicia mucho antes de que la información sea recogida. El punto de inicio se ubica en la generación de una idea sobre cierto aspecto de algún objeto que se quiere comprender mejor. Después se busca la manera de cuantificar y medir la idea. Este proceso para desarrollar exámenes es más riguroso y extenso que los desarrollados con la teoría del TCT, sin embargo, ya que se concluye esta parte, se facilita el proceso de medición.

La objetividad es muy importante en el modelo de Rasch. Wright y Stone (1979:7) comentan que se requiere de dos condiciones para lograr la objetividad. Primeramente, la calibración del instrumento que será usado para medir debe ser independiente de los objetos que serán usados para calibrar. Después, la medición de los objetos debe ser independiente del instrumento que será usado para medir.

Por otro lado, la calibración de la dificultad de un ítem debe ser independiente de la persona que tomarán en cuenta para realizar dicha calibración. La medición de la habilidad de una persona debe ser independiente del ítem usado para calibrar (Wright y Stone, 1979:7). De esta manera, al momento de aplicar un examen, no importará qué persona conteste el ítem ni tampoco que ítem conteste, lo que importará es la habilidad de la persona para contestar el ítem, que el ítem mida lo que debe medir y que el índice de dificultad sea el especificado.

En cuanto al proceso matemático, Rasch eligió la siguiente función logística para modelar la relación entre el nivel de la persona en el atributo, la dificultad del ítem y la probabilidad de que la respuesta sea correcta.

$$\ln (\mathrm{Pis}/1\text{-}\mathrm{Pis}) = (\theta_s - \beta i)$$

De acuerdo con Prieto y Delgado (2003), esta ecuación indica que el cociente entre la probabilidad de una respuesta correcta y la probabilidad de una respuesta incorrecta a un ítem (Pis/1-Pis), es una función de la diferencia en el atributo entre el nivel de la persona (θ_s) y el nivel del ítem (βi). Si una persona contesta un ítem de su nivel de competencias, existirá 50% de probabilidad de que conteste de manera correcta. Si la persona cuenta con mayor competencia que la requerida por el ítem, la probabilidad de responder de manera correcta a éste será alta. Si la persona cuenta con una competencia menor a la requerida por el ítem, la probabilidad de que la persona conteste de manera correcta será, por tanto, menor.

Prieto y Delgado (2003) también comentan que una de las fórmulas del modelo Rasch más conocida, debido a su difusión en los textos de la TRI, tiene que ver con la predicción de la probabilidad de responder correctamente al ítem a partir de la diferencia en el atributo entre el nivel de la persona (θ_s) y el nivel del ítem (β). En este caso,

$$\mathrm{Pis} = e^{(\theta s - \beta i)} / 1 + e^{(\theta s - \beta i)}$$

Donde "e" es la base de los logaritmos naturales (2.7183).

Teoría de Respuesta al Ítem

El interés primordial de la TRI es si el examinado acertó cada ítem de manera correcta o no, en vez de enfocarse en el resultado del examen. Esto se debe a que los conceptos básicos de la TRI se enfocan en los ítems individuales de un examen (Baker, 2001).

Fein (2012) describe la TRI de manera muy similar a Baker: que en el enfoque para el desarrollo de exámenes TRI, el encauzamiento no es en el resultado total, sino en el resultado del ítem. En el modelo TRI, el patrón de respuestas al ítem del examinado es considerado matemáticamente en términos de la combinación de las respuestas correctas y su grado de dificultad.

Tomando en cuenta la información anterior, se puede inferir que a través de la TRI se mide el nivel de dificultad, el índice de discriminación y la correlación del punto biserial de los ítems. La dificultad de un ítem se mide mediante el porcentaje de los examinados que lo contestaron de manera acertada. Entre más alumnos contesten de manera acertada un ítem, éste será más fácil y su índice de dificultad será más cercano al .80, lo cual es positivo para el ítem. Por el contrario, entre menos alumnos contesten un ítem de manera acertada, el ítem será más difícil y su índice de dificultad se acercará más al .20.

De acuerdo con Ebel y Frisbie (1991), un ítem que sea contestado de manera correcta por todos los examinados, o un ítem que todos contesten de manera incorrecta, no contribuye al análisis del examen. También comentan que un ítem de dificultad media es aquel que es contestado de manera correcta por una población de examinados de entre 40 y 80%, y agrega que los ítems que son contestados por más del 90% o por menos del 30% de la población de examinados, no contribuyen mucho.

Por otro lado, la capacidad de un ítem para discriminar se mide considerando a 27% de los estudiantes que obtuvieron los resultados más altos y a 27% de los que obtuvieron los resultados más bajos. De esta manera, si un ítem es contestado por la mayoría de los alumnos que se encuentran dentro del 27% más alto, significa que cuenta con un buen índice de discriminación. Empero, si la mayoría de los aciertos del ítem fueron de los estudiantes con las calificaciones más bajas, significa que el ítem no discrimina de manera adecuada.

Esto podría ser debido a que la pregunta no está bien formulada o a que uno de los distractores, como las opciones incorrectas al ítem (en exámenes de opción múltiple), distrae a los estudiantes que obtuvieron calificaciones altas y no a los que obtuvieron calificaciones bajas. Es importante agregar que la función de los distractores es, precisamente, distraer a los estudiantes que obtienen calificaciones bajas y no a los que obtienen calificaciones altas.

La correlación del punto biserial es otro índice de discriminación, sin embargo, éste es más riguroso que el anterior y es representado como rpb. Borrego y Santana (2015) explican que se calcula para determinar el grado en que las competencias que mide la prueba, también las mide el ítem. El rpb proporciona un cálculo de la correlación producto-momento de Pearson entre la calificación total de la prueba y el continuo hipotético del reactivo, cuando éste se dicotomiza en respuestas correctas e incorrectas.

La correlación del punto biserial fue de alguna manera estandarizada por Cohen (1988), quien, como regla general, considera a una correlación de ±.10 como una correlación pequeña, ±.30 como mediana y ±.50 como una correlación alta. También comenta, al igual que Le Blanc y Cox (2017), que una correlación altamente positiva significa que la pregunta fue contestada correctamente con mayor frecuencia por estudiantes con un promedio alto y no fue acertada con la misma frecuencia por estudiantes que obtuvieron un promedio bajo en el examen.

Como se mencionó en el apartado anterior, algunas de las teorías de Rasch forman parte de la TRI, motivo por el cual se considera a Rasch como uno de los científicos que ayudaron a fundarla. Esto no se niega, sin embargo, es importante hacer énfasis en que la filosofía de Rasch, al igual que sus teorías y ecuaciones, siguen siendo vigentes e independientes de la TRI.

Correlación de Pearson

Otra teoría importante para la elaboración de este libro es la correlación de Pearson. De acuerdo con Mondragón (2014), ésta permite examinar la dirección y magnitud de la asociación entre dos variables cuantitativas. Aunado a esto, Hernández, Fernández y Baptista (2010) presentan una tabla que permite interpretar los resultados de la correlación de Pearson donde muestran que una puntuación de +.10 es igual a una correlación positiva muy débil, y una puntuación de +.25 es considerada como una correlación positiva débil.

La teoría utilizada como apoyo en el análisis del examen de Morfosintaxis de la Segunda Lengua es una metodología vigente y, a pesar de que algunas teorías son de más de 90 años, el hecho de que no hayan sido refutadas prueba su validez en la actualidad.

Capítulo IV
Métodos utilizados en la elaboración del examen y la metodología para su revisión

Para realizar la investigación que dio pie a este libro, se usó un método mixto. El método cuantitativo ayudó a analizar los resultados del examen aplicado en mayo de 2017. A través del programa Excel se analizaron datos como la media, la mediana, la moda, la desviación estándar y la correlación de Pearson. Para analizar los ítems se usó el programa Test Análisis Program (TAP), diseñado por Gordon P. Brooks, con el cual se identificaron el índice de dificultad y el índice de discriminación.

Para conocer el proceso llevado a cabo durante la elaboración del examen departamental, se usó el método cualitativo para entrevistar a uno de los docentes encargados de elaborar el examen. A través de la entrevista se obtuvieron datos importantes sobre los procesos.

Proceso de elaboración del examen

Primeramente, se llevó a cabo un análisis detallado sobre la elaboración del examen departamental de Morfosintaxis de la Segunda Lengua. Para esto, se entrevistó a uno de los responsables de su elaboración. Dicha entrevista se llevó a cabo de manera individual en la ciudad de Tijuana, y fue grabada para poder analizar dicho proceso.

Después, se revisaron las especificaciones del contenido del examen. Esto con el objetivo de conocer la precisión con la que se describe su contenido y a las personas que trabajaron el apartado. Siguiendo a Osterlind (1998), la persona encargada de desarrollar el examen tiene como tarea preparar las especificaciones del contenido del mismo. Este primer proceso es muy importante debido a que será la guía de quien redacte los ítems.

De acuerdo con Ebel y Frisbie (1991), la base más firme para la construcción de un examen es un grupo de especificaciones que indiquen lo siguiente:

35

1. El tipo de ítems que serán usados en el examen.
2. El número de cada uno de los tipos de ítems que se necesitarán.
3. El tipo de ejercicios que presentaran los ítems.
4. El número y tipo de ejercicios que se necesitarán.
5. Descripciones de los contenidos de las áreas.
6. El número de ítems que se necesitarán para cada área.
7. Nivel y distribución de la dificultad de los ítems.

También es importante identificar si existen especificaciones de los ítems y el tipo de información que se incluyó en ellas, así como quién las elaboró y en qué se basaron para hacerlo. De acuerdo con Osterlind (1998), las especificaciones de los ítems son un tipo de escrito técnico especializado que se usa en su construcción. Asimismo, comenta que las especificaciones de los ítems son indicaciones formales y sistematizadas que el diseñador del examen entrega a quien habrá de formular los ítems.

También se revisó el proceso llevado a cabo en la elaboración de los ítems. Es importante conocer quién participó en el proceso, y si se le capacitó en el ejercicio de la elaboración de ítems. De acuerdo con Haladyna (2004), para cualquier tipo de *test*, quienes habrán de elaborar los ítems deberán ser capacitados en cuanto a los principios para redactarlos.

También es importante conocer si existe relación entre el contenido de la asignatura y los ítems o, mejor dicho, si existe relación entre los objetivos de la asignatura, los contenidos y los ítems. De acuerdo con Osterlind (1998:70):

> Es evidente, en ese caso, que la persona responsable de elaborar los ítems debe iniciar la búsqueda de contenido apropiado para los ítems del test, no de un libro de texto que probablemente haya sido usado para impartir la asignatura, sino del conocimiento de los objetivos del *curriculum*.

Otro aspecto en la elaboración del examen que se analizó, es el proceso llevado a cabo para probar los ítems. Es importante conocer cómo se seleccionó la muestra y qué se hizo con los resultados obtenidos de esta primera aplicación.

En cuanto a la aplicación del examen terminado, se analizó la organización que se llevó a cabo antes, durante, y después de la aplicación del examen de Morfosintaxis de la Segunda Lengua. Este análisis brindó información relevante sobre la validez del examen departamental. Para ello es importante conocer si se realizó una reunión o capacitación previa al examen para asegurar que todos los docentes que habrían de participar, conocieran y comprendieran los pasos a seguir durante la aplicación y después de la aplicación del examen, con el objetivo de asegurar que tanto los estudiantes como los docentes que participan no tengan la posibilidad de filtrar información sobre los ítems que vienen en el examen. De esta manera hay que asegurar que todos los estudiantes cuenten con la misma información al presentar el examen por primera vez y, con ello, asegurar también que los resultados del examen sean reales.

Igualmente, es necesario saber si existe un manual para la aplicación del examen. Con el cual se buscaría asegurar que las instrucciones sean las mismas en cada una de las aplicaciones del examen. La importancia de esto consiste en que se aseguraría que todos los estudiantes tuvieran la misma oportunidad de interpretar las instrucciones.

Medidas de tendencia central

Por otro lado, se realizaron algunas pruebas para identificar medidas de tendencia central, como la media, la mediana y la moda. La media se usó para identificar el promedio de los resultados de los exámenes. A través de la mediana se pudo conocer, de acuerdo con Guardia, Freixa, Pero y Turbany (2012:51), "el punto de la distribución que deja el mismo número de casos a cada lado de la distribución". La moda, por su parte, ayudó a identificar la calificación que más se presentó en la evaluación del examen.

También se analizó la varianza. De acuerdo con Nunnally (1987:134), "la varianza es el promedio de las puntuaciones desviadas, elevado al cuadrado", y la desviación estándar permite conocer la distribución de las calificaciones. Las fórmulas matemáticas se llevan a cabo mediante el programa Excel.

Nivel de dificultad, índice de discriminación

También se analizó el nivel de dificultad de cada uno de los ítems. Esto es, entre más estudiantes aciertan un ítem, menor es su índice de dificultad, y entre menos estudiantes lo acierten, mayor es su índice de dificultad. Este análisis se lleva a cabo a través del programa Test Análisis Program (TAP).

Entonces, pues, se analizó la capacidad de discriminar de los mismos para permitir conocer si un ítem es contestado de manera correcta por aquellos alumnos que obtuvieron los puntajes más altos y si, al mismo tiempo, fue contestado de manera incorrecta por los estudiantes que obtuvieron los puntajes más bajos. Si un ítem es contestado de manera incorrecta por los estudiantes que obtuvieron las calificaciones más altas y, al mismo tiempo, fue contestado de manera correcta por los estudiantes que obtuvieron las calificaciones más bajas, significa que el ítem debe tener algún error en la forma en que fue redactado, pues no está funcionando de manera apropiada, ya que un ítem debe confundir a los estudiantes con los puntajes más bajos y no a los estudiantes con los puntajes más altos.

Otro aspecto importante del examen analizado fue el punto biserial y el punto biserial ajustado. Estas medidas aritméticas ayudan a conocer, al igual que el índice de discriminación, pero con mayor rigurosidad, qué tan bien discrimina cada ítem del examen entre los alumnos con los promedios más altos y aquellos con los promedios más bajos. El análisis también se lleva a cabo a través del programa Test Análisis Program (TAP).

Finalmente, es importante conocer qué se ha hecho con los resultados del examen, si se analizaron los resultados, si se hicieron modificaciones al examen después de haber sido aplicado, y demás acciones.

Capítulo V
Análisis del examen departamental a partir de la perspectiva cualitativa

Adentrándonos en el aspecto cualitativo de la investigación y describiendo la metodología utilizada para poder identificar el procedimiento llevado a cabo antes, durante y después de la aplicación del examen departamental de Morfosintaxis de la Segunda Lengua, se optó por utilizar cuestionarios con tres de los docentes involucrados en la aplicación de éste. Dos de los docentes pertenecen a la Facultad de Idiomas Mexicali, y uno pertenece a la Facultad de Idiomas Tijuana. Una vez analizadas las respuestas de dichos cuestionarios, se logró identificar lo siguiente.

Mexicali

El examen se aplicó a todos los grupos de segundo semestre de licenciatura de la Facultad de Idiomas que llevaron la materia de Morfosintaxis de la Segunda Lengua. Dicho examen fue aplicado durante el periodo 2017-1 la última semana de clases, para asegurar que cada grupo hubiera cubierto los temas del Plan de Unidad de Aprendizaje (PUA). Los maestros que impartieron el PUA fueron notificados de la aplicación del examen desde principios del semestre y se les solicitó que el examen contara con un valor no menor a 10% de la calificación total, como se acordó en una reunión de maestros en agosto del 2017.

Los docentes que participaron en la aplicación del examen fueron el coordinador de Formación Básica, el coordinador de Formación Profesional y Vinculación, y docentes de la Facultad de Idiomas.

Las medidas llevadas a cabo para cuidar que el examen o parte de su contenido no fuera copiado por estudiantes o docentes antes, durante o después de su aplicación, fueron básicamente la supervisión y vigilancia durante la aplicación de éste.

Tijuana

Al igual que en Mexicali, el examen se aplicó a 132 estudiantes que cursaron la materia de Morfosintaxis de la Segunda Lengua. Dicho examen fue aplicado a finales de mayo de 2017, con el objetivo de que los docentes que impartieron la materia tuvieran la posibilidad de concluir con los contenidos. Los docentes que la impartieron fueron notificados a principios del semestre, sin embargo, a diferencia de Mexicali, éstos dieron un valor al examen de entre 10 y 20% de la calificación total.

Los docentes que participaron en la aplicación del examen fueron dos, responsables y supervisores de la aplicación del examen, así como docentes de la Facultad de Idiomas.

Con el objetivo de evitar que los estudiantes lograran compartir experiencias sobre el examen con otros grupos del mismo semestre, durante éste se les solicitó que no ingresaran al laboratorio de cómputo con sus pertenencias, especialmente con el celular. Se les pasó lista. Las copias de los exámenes y de los textos fueron enumerados para tener un mayor control, y se entregó material de acuerdo con el número de estudiantes que aparecían en las listas de asistencia de los grupos a evaluar. Así también, los docentes que aplicaron el examen siempre estuvieron acompañados por uno de los coordinadores de éste.

Una vez terminados los exámenes, los responsables de la aplicación tanto de Mexicali como de Tijuana enviaron los resultados al IIDE en Ensenada para que las hojas de respuestas fueran evaluadas a través de un aparato electrónico. Tres días después, los resultados fueron entregados de manera digital al responsable de la aplicación de los exámenes departamentales; las calificaciones fueron compartidas con los docentes que impartieron la materia con la finalidad de que pudieran ser considerados al momento de proporcionarlas.

Los resultados entregados a los profesores que impartieron la materia de Morfosintaxis de la Segunda Lengua fueron únicamente el número de aciertos en el examen y el número total de posibles aciertos. Esta información se consideró suficiente para que los docentes lograran calcular la calificación correspondiente.

Con la información obtenida de las entrevistas a los responsables de la elaboración y aplicación de los exámenes en Mexicali y Tijuana, se puede apreciar el esfuerzo realizado por proteger la información del examen de Morfosintaxis de la Segunda Lengua, gracias a una cuidadosa selección de los profesores que participarían y a los diferentes procedimientos llevados a cabo.

Capítulo VI
Análisis y confrontación de resultados

Uno de los objetivos de los exámenes departamentales para la UABC es asegurar el aprovechamiento de los estudiantes sobre la asignatura. Para ello, se necesita contar con un examen con alto grado de validez. Por tal motivo, se realizó una serie de análisis estadísticos al examen de Morfosintaxis de la Segunda Lengua.

Se revisaron diferentes documentos utilizados para la elaboración del examen. Entre los documentos se encontró la tabla de especificaciones del examen de Morfosintaxis de la Segunda Lengua, que es un instrumento donde se pueden encontrar diferentes elementos que cubren las especificaciones propuestas por Ebel y Frisbie para la construcción de un examen, misma que se detalló en el capítulo IV. Entre los elementos se encuentran: la competencia de la unidad, el contenido a evaluar, el número de especificaciones, el número de ítems requeridos, la descripción detallada de lo que ha de evaluar el ítem, el tipo de ítem que se requiere, así como el nivel de los procesos cognitivos que deberá realizar el evaluado.

Por otra parte, se encontró un instrumento que incluye los contenidos del examen ordenados de acuerdo con su aparición en la asignatura de Morfosintaxis de la Segunda Lengua. También contiene una breve descripción del impacto de cada contenido dentro de la asignatura y un espacio para que expertos en el área a evaluar puedan incluir su opinión profesional sobre la contribución de cada uno de los contenidos en ella. Tal ejercicio se lleva a cabo de manera individual tipo doble ciego.

En cuanto al análisis técnico del examen, se encuentra la puntuación obtenida por parte de los alumnos tras su aplicación. En el caso de Mexicali, con el apoyo de medidas de tendencia central, se compararon los resultados de las calificaciones obtenidas en el examen departamental y las calificaciones obtenidas al final del semestre en la asignatura, y se identificó los siguiente: una calificación alta en el examen de Morfosintaxis de la Segunda Lengua no significa que la calificación obtenida en la asignatura sea alta, así como tampoco, una calificación baja en el examen significa una calificación baja en la asignatura.

Un ejemplo de esto es el caso del estudiante número 1, quién obtuvo 72% en el examen departamental, mientras que en la materia obtuvo 88%. De la misma manera se cuenta con el estudiante número 2, quien obtuvo un porcentaje de 57% en el examen departamental, pero en la materia obtuvo 99%. Esto indica que el alumno número 2 obtuvo un mejor promedio en su calificación final de la materia que el alumno número 1, a pesar de haber obtenido 15% menos en su calificación del examen departamental.

Por otra parte, se llevó a cabo un segundo estudio para saber si existe correlación entre la calificación obtenida en el examen departamental y la calificación obtenida en la asignatura. El estudio se hizo con la correlación lineal de Pearson, el cual reflejó la existencia de una correlación de .24, lo cual, de acuerdo con Hernández, Fernández y Baptista (2010), es una correlación positiva débil. Aun así, debido a lo disperso de la correlación, se consideró que no es evidencia suficiente para demostrar el dominio de los alumnos sobre la asignatura, y esto se puede observar en la tabla 1.

Tabla 1. *Diagrama de dispersión*

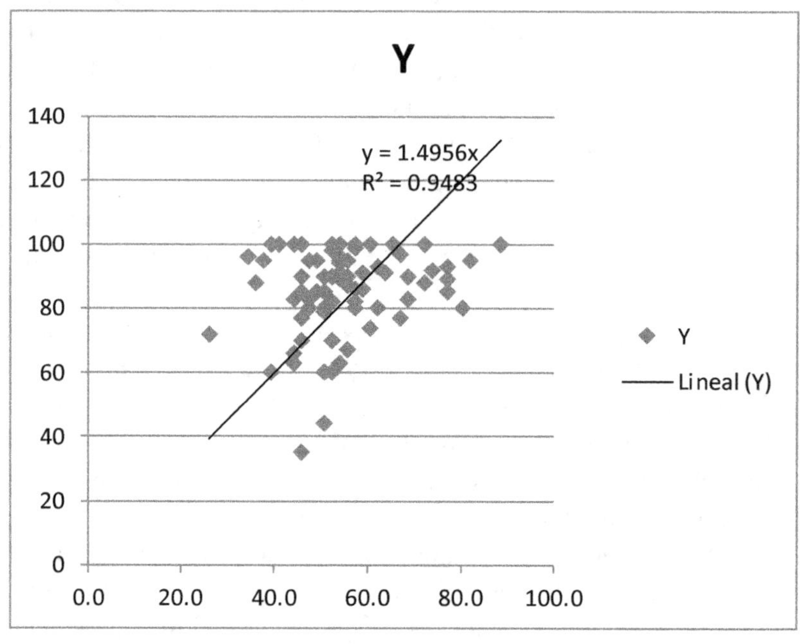

Fuente: Elaborada con información obtenida de los resultados del examen de Morfosintaxis de la Segunda Lengua y las calificaciones obtenidas por los alumnos en la asignatura.

Obtención de la media aritmética

La media aritmética del examen es de 33.5 en el número de aciertos de los 74 estudiantes que presentaron el examen en mayo de 2017 en la ciudad de Mexicali. Esto significa que, en promedio, los estudiantes acertaron a 33.5 de los ítems en un examen que cuenta con un total de 61. También significa que, si el examen tuviera un valor de 100% de la calificación, los estudiantes en promedio hubieran obtenido una calificación de 55, lo cual hace que dicho examen sea visto como difícil.

De la misma forma, los resultados obtenidos por los estudiantes que presentaron el examen en Tijuana fueron similares a los resultados de Mexicali. En Tijuana, la media aritmética fue de 34.3 en el número de aciertos de los 132 estudiantes que presentaron el examen en mayo de 2017. Se trata de una diferencia de .8 en comparación con la media que se obtuvo en Mexicali. Esto significa que, si el examen hubiera tenido un valor de 100% de la calificación, los estudiantes en promedio hubieran obtenido una calificación de 56, lo cual no varía mucho de los resultados obtenidos con la población de Mexicali.

Por otro lado, es importante mencionar que, en total, se revisaron los resultados de 206 estudiantes, lo cual indica que el tamaño de la muestra es suficiente para poder tomar decisiones. De acuerdo con Haladyna (2004:206):

> Antes de iniciar una discusión de cómo calcular o interpretar las características de los ítems como lo son la dificultad y la discriminación, se debe considerar el tamaño de la muestra debido a que, con una muestra inferior a 200 exámenes, se debe proceder con cuidado.

Finalmente, tomando en cuenta los resultados mencionados en este apartado, se sugiere identificar áreas de mejora en el mismo examen y continuar con los análisis hasta contar con un examen que contenga una media por encima de 40.

La desviación estándar como medida aritmética

La desviación estándar es otra medida aritmética que se considera importante al momento de analizar un examen. De acuerdo con Olmos, Blanchart, Cebollero y Oset (2012:54), "se define a la desviación estándar como la raíz cuadrada positiva de la varianza (como parámetro se representa por σ) y pretende resolver la dificultad que la varianza tiene al ofrecer valores en unidades cuadráticas".

Para comprender mejor este examen, se llevó a cabo un ejercicio para medir la desviación estándar de los aciertos de los alumnos que presentaron el examen departamental en la ciudad de Mexicali. El menor número de aciertos fue de 16 y el mayor fue de 54. Mediante el ejercicio se logró identificar qué números de aciertos se encontraban dentro de un rango aceptable. En la tabla 2 se puede observar que la media es de 33.58 aciertos por alumno, de un total de 61. Esto indica que, en promedio, los estudiantes acertaron 54% de los ítems, resultando así que este examen es difícil.

El resultado del análisis hecho al examen para identificar la desviación estándar fue de 7.11. Tomando en cuenta el resultado, se llegó a la conclusión de que 53 de 74 estudiantes se encuentran dentro del rango, que 7 estudiantes se encuentran por debajo del rango y 13 por encima. Este dato indica que la mayoría de los estudiantes obtuvieron un porcentaje de aciertos entre 42 y 65%, lo que indica que el examen es difícil.

Tabla 2. *Desviación estándar*

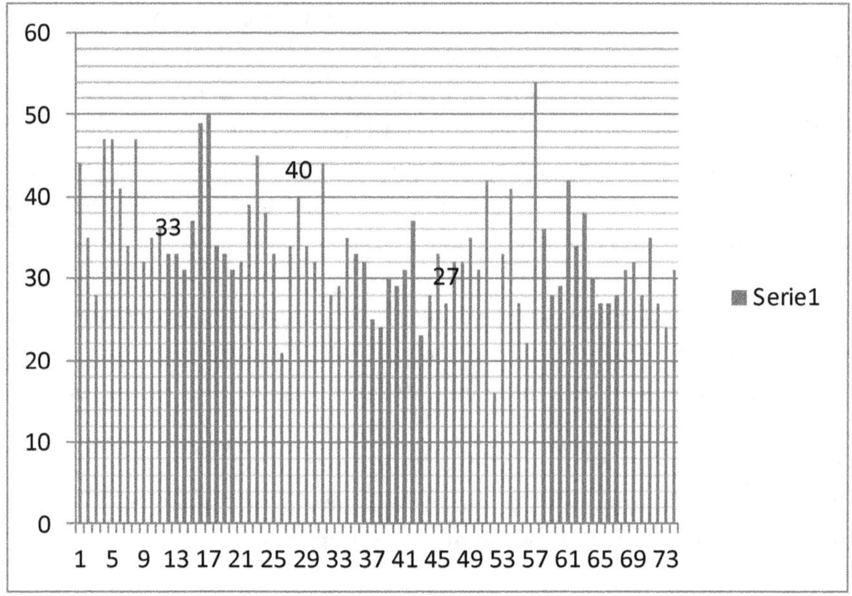

Fuente: Elaborada con información obtenida de los resultados del examen departamental en Mexicali.

En el caso de Tijuana, se cuenta con una media de 34.3 aciertos en promedio, de un total de 61. Esto indica que, en promedio, los estudiantes acertaron 56% de los ítems y se tiene una ventaja de 1% en comparación con el porcentaje obtenido en Mexicali.

Ahora bien, la desviación estándar de Tijuana es de 5.69, esto es, 1.42 puntos menor que la desviación estándar obtenida en Mexicali. Dicho dato indica que la mayoría de los estudiantes obtuvieron un porcentaje de aciertos entre 47 y 63%, lo que se refleja en la tabla 3.

44

Esta cifra señala que existe una menor dispersión entre los estudiantes de Tijuana, lo cual se traduce en una mayor uniformidad entre las calificaciones de los alumnos de Tijuana en comparación con los resultados obtenidos con los alumnos en Mexicali. Entre mayor uniformidad, mayor posibilidad de que los estudiantes están adquiriendo las mismas competencias dentro de la asignatura

Tabla 3. *Desviación estándar*

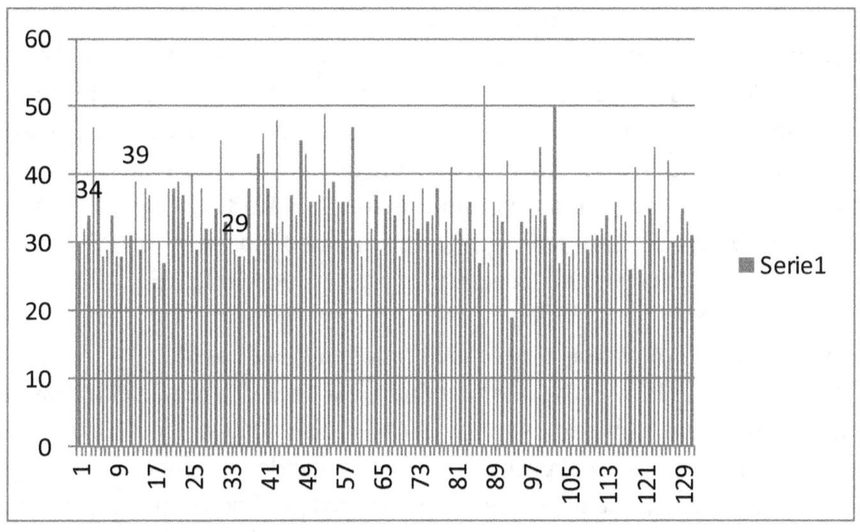

Fuente: Elaborada con información obtenida de los resultados del examen departamental en Tijuana.

El grado de homogeneidad en el examen departamental

De acuerdo con el *Diccionario soviético de filosofía*, "en la filosofía de Kant, según el principio de homogeneidad, los conceptos específicos han de tener entre sí algo de común, lo cual permite unirlos bajo un mismo concepto genérico". Este algo en común es lo que busca lograr la UABC a través de los exámenes departamentales. Para la universidad, estos exámenes buscan, entre sus objetivos específicos, "conocer el grado de homogeneidad de los aprendizajes logrados por los alumnos de la misma unidad de aprendizaje que recibieron el curso con distintos profesores" (UABC, 2021:7).

Por tal motivo, se hizo un análisis entre los resultados logrados por los alumnos de la misma unidad de aprendizaje que recibieron el curso con distintos profesores. En dicho análisis se consideró a los cuatro grupos identificados en la ciudad de Mexicali. Estos grupos fueron el 102, a cargo del profesor 107, con un total de 18 estudiantes; el grupo

45

103 a cargo del profesor 107, con un total de 7 estudiantes; el grupo 104 a cargo del profesor 121, con un total de 25 estudiantes, y el grupo 105 a cargo del profesor 206, con un total de 24 estudiantes.

El primer grupo, el 102, obtuvo una media aritmética de 32.88, lo cual significa que, si el examen tuviera un valor de 100% de la calificación, el grupo contaría con un promedio de 53.9%. El grupo 103 obtuvo una media aritmética de 29.28, lo cual equivaldría a 48% de la calificación si el examen tuviera un valor de 100%. El grupo 104 obtuvo una media de 31.08, lo cual equivaldría a 50% en caso de ser la única evaluación de la materia. Finalmente, el grupo 105 obtuvo una media aritmética de 37.95, lo cual equivaldría a un promedio de 62.21% si el examen tuviera un valor de 100% de la calificación.

Es importante recordar que la media aritmética en Mexicali es de 33.5, lo que significa que los grupos 102, 103 y 104 cuentan con una media por debajo de la correspondiente, y entre los tres grupos cuentan con una media de 31.08. Esto es, 2.42 puntos por debajo de la media actual. También significa que la media del grupo 105 se encuentra a 6.87 puntos por encima de la media generada por los grupos 102, 103 y 104, y a 4.45 puntos por encima de la media aritmética de Mexicali.

Esta información implica que el nivel de homogeneidad basado en la media aritmética entre los grupos 102, 103 y 104, es alto debido a la poca diferencia entre los puntos de las medias. Sin embargo, también significa que el índice de homogeneidad disminuye al comparar la media obtenida en el grupo 105 con el resto de los grupos.

Estas cifras sugieren que se debe buscar reunir a los profesores que impartieron la materia de Morfosintaxis de la Segunda Lengua para que puedan compartir experiencias en cuanto a la materia, intercambiar ideas e identificar qué es lo que hace el profesor 206 para que sus estudiantes obtengan una media por encima de los otros grupos. De esta manera, los profesores podrían hacer ajustes a sus materias y, en un futuro mediano, revisar si estos cambios hechos lograron un resultado positivo.

Índice de dificultad a partir de los índices

La distribución de los ítems con base en su índice de dificultad es un aspecto de los exámenes que se debe de considerar. Por ejemplo, de acuerdo con Backhoff, Larrazolo y Rosas (2000), la distribución del examen EXHCOBA es de alguna manera simétrica debido a que cuenta con el nivel medio de dificultad que oscila entre 0.5 y 0.6, distribuyéndose los valores de "p" de la siguiente manera: 5% de reactivos fáciles, 20% medianamente fáciles, 50% con una dificultad media, 20% medianamente difíciles y 5% difíciles.

Sin embargo, al analizar los resultados obtenidos en las ciudades de Mexicali y Tijuana, se observó que la distribución del nivel de dificultad de los ítems del examen departamental no es simétrica debido a su alta concentración en los ítems clasificados como fáciles y difíciles, disminuyendo el número de ítems que deberían ser considerados como con dificultad media. Para ello podemos consultar la tabla 4.

Dicha distribución podría afectar la validez del examen debido a que más de 40% de los ítems son calificados como fáciles o difíciles. De acuerdo con Anastasia y Urbina (1998:173):

> Se considera a los reactivos que nadie aprueba, o que todos aciertan, como una especie de exceso de equipaje, puesto que ninguno proporciona información sobre las diferencias individuales. Dado que esos reactivos no afectan la variabilidad de las puntuaciones, en nada contribuyen a la validez de la prueba.

Tabla 4. Índice de dificultad

Recomendado	Mexicali			Tijuana		
	Escala	Ítems	Porcentaje	Escala	Ítems	Porcentaje
5%	.7- más	13	21%	.7- más	18	30%
20%	.6-.7	8	13%	.6-.7	9	15%
50%	.5-.6	16	26%	.5-.6	10	16%
20%	.4-.5	10	16%	.4-.5	8	13%
5%	.4-menor	14	23%	.4-menor	16	26%

Fuente: Adaptada por Backhoff, Larrazolo y Rosas (2000).

El índice de discriminación como medida

Otro aspecto del examen que también se analizó fue el índice de discriminación, medida con la cual se puede conocer la capacidad de los ítems para distinguir entre los estudiantes que obtienen los promedios más altos de los estudiantes con los promedios más bajos. Este análisis es importante debido a que un ítem debe ser diseñado de tal forma que pueda confundir a los estudiantes que obtienen los promedios más bajos, mas no a los que cuentan con promedios más altos.

En el análisis se pudo apreciar que existe una diferencia significativa entre el número de ítems aplicados en las ciudades de Mexicali y Tijuana, que son clasificados como excelentes. Sin embargo, al momento de sumar el total de ítems clasificados con un índice de discriminación excelente y aquellos clasificados con un índice de discriminación buena, podemos observar que la diferencia entre los ítems aplicados en Mexicali y en Tijuana no se ve tan pronunciada. Para eso, podemos revisar la tabla 5.

También se apreció que la diferencia entre el número de ítems clasificados como regulares es mínima, ya que en Mexicali se cuenta con 17 ítems clasificados como regulares y Tijuana cuenta con 18. Aunado a esto, se observó que el número de ítems clasificados como pobres es muy parecido, y que el número de ítems clasificados como pésimos es de cuatro en Mexicali y cuatro en Tijuana. También se puede consultar la tabla 5.

Este análisis permite observar que se tienen que revisar 20 ítems clasificados como pobres y que se tienen que eliminar y reemplazar, por lo menos, 4 ítems adicionales. De acuerdo con Ebel y Frisbie (1986), aquellos ítems con un índice de discriminación de .19 o menos, deben ser mejorados o rechazados.

Tabla 5. *Índice de discriminación*

Mexicali			Tijuana		
Escala	**Evaluación del ítem**	**Ítem**	**Escala**	**Evaluación del ítem**	**Ítem**
.40-más	Excelente	17	.40-más	Excelente	6
.30-.39	Buena	3	.30-.39	Buena	11
.20-.29	Regular	17	.20-.29	Regular	18
.0-.19	Pobre	20	.0-.19	Pobre	22
-.1-menor	Pésima	4	-.1-menor	Pésima	4

Fuente: Adaptada de Ebel y Frisbie (1986), con información obtenida de los resultados en el examen aplicado en las ciudades de Mexicali y Tijuana.

Punto biserial, otra medida aritmética

El punto biserial es otra medida aritmética que se considera importante revisar en el examen de Morfosintaxis de la Segunda Lengua. Este indicador es un índice de discriminación más riguroso que el anterior, y es representado como rpb. De acuerdo con Le Blanc y Cox (2017), el objetivo de computar el punto biserial de un ítem es tomar la decisión de mantener o no la pregunta en el examen. Decisión que debe ser tomada con base en la magnitud de la correlación, y si esta correlación es positiva o negativa. Una correlación altamente positiva es un buen predictor de la calificación. Por otro lado, una pregunta con una correlación altamente negativa, indica que aquellos alumnos que contestaron la pregunta de manera correcta, usualmente cuentan con un promedio bajo en su calificación en el examen.

Para analizar la correlación del punto biserial en el examen, se consideró la regla general de Cohen (1988), que afirma que una correlación de $\pm.10$ es pequeña, $\pm.30$ es mediana y $\pm.50$ es una correlación alta. Por lo tanto, para cualquier reactivo con una correlación de .09 o inferior, se hará la sugerencia de revisar el reactivo o descartar del examen.

En cuanto al punto biserial en el examen de Morfosintaxis de la Segunda Lengua, se puede decir que, en el análisis hecho a los reactivos de Mexicali, se tuvo como resultados dos reactivos con una correlación alta de acuerdo con la regla general de Cohen (1998), 20 reactivos con correlación mediana, 31 reactivos con correlación pequeña, 6 reactivos con correlación inferior al .9 y 2 reactivos con correlación negativa. Si sumamos todas las correlaciones del punto biserial, tendríamos una correlación promedio de 0.25, lo cual daría una correlación pequeña en general. Puede consultarse la tabla 6.

De la misma forma, los resultados que obtuvieron los alumnos de la ciudad de Tijuana son parecidos a los obtenidos en Mexicali. De los 61 reactivos contestados, ninguno quedó con una correlación alta, 13 reactivos obtuvieron una correlación mediana, 37 obtuvieron una correlación pequeña, 9 obtuvieron una correlación de .9 o inferior, y 2 obtuvieron una correlación negativa. Sin embargo, los reactivos con correlación negativa no son los mismos que obtuvieron, asimismo, correlación negativa en Mexicali.

Tabla 6. *Punto biserial*

Mexicali			Tijuana		
Escala	**Evaluación del ítem**	**Número de ítems**	**Escala**	**Evaluación del ítem**	**Número de ítems**
$\pm.50$	Alta	2	$\pm.50$	Alta	0
$\pm.30$	Mediana	20	$\pm.30$	Mediana	13
$\pm.10$	Pequeño	31	$\pm.10$	Pequeño	37
.9 o inferior		6	.9 o inferior		9
Correlación negativa		2	Correlación negativa		2

Fuente: Elaborada con información obtenida de los resultados en el examen aplicado en las ciudades de Mexicali y Tijuana.

Capítulo VII
Conclusiones sobre las revisiones

Para poder identificar el nivel de dominio del alumno sobre la materia de Morfosintaxis de la Segunda Lengua, se analizaron los resultados obtenidos por los alumnos de Mexicali en el examen departamental, y se compararon con la calificación obtenida en la asignatura.

Por un lado, los resultados obtenidos en el examen departamental fueron bajos. Esto se ve reflejado en los diferentes análisis que se hicieron a los resultados del examen, como en la media, la mediana y la moda. La media aritmética en Mexicali es de 33.58, lo cual indica que los alumnos, en promedio, obtuvieron 33.58 aciertos de 61 posibles. Por su parte, la mediana es de 33, donde la puntuación más baja fue de 16 y la calificación más alta fue de 54. Finalmente, la moda es de 33, con un total de 7 alumnos que obtuvieron 33 aciertos.

Sin embargo, al momento de comparar los resultados con los obtenidos en la calificación final de la asignatura, se pudo observar una diferencia significativa. Esto se debe a que la media de las calificaciones finales de los alumnos es de 85, la mediana es de 89 y la moda es de 100, ya que, de todas las calificaciones obtenidas entre los alumnos, el 100 resultó ser el número que más se repite, es decir, 12 alumnos obtuvieron una calificación perfecta.

En estos resultados se pueden apreciar dos diferencias. La primera es la cercanía entre la media, la mediana y la moda de los aciertos obtenidos en el examen departamental. Al momento de comparar los números, se puede observar que las tres que fueron obtenidas con base en el número de aciertos en el examen departamental son muy parecidas. La media es de 33.58, la mediana es de 33 y la moda es de 33. La diferencia entre la media y la mediana es de .58, y no hay diferencia entre la mediana y la moda.

Por otra parte, en la calificación final de los alumnos la media es de 85, la mediana de 89 y la moda de 100. La diferencia entre la media y la mediana es de 5, y la diferencia de números entre la mediana y la moda es de 11.

La segunda diferencia tiene que ver con los puntos obtenidos, para lo cual se transformará el número de aciertos en porcentajes, como se refleja en la tabla 7.

Tabla 7. *Media, mediana y moda*

Medidas aritméticas	Número de aciertos en el examen	Calificación obtenida en el examen si el examen hubiera tenido el valor total de la calificación en la materia	Calificación final en la materia
Media	33.58	55	85
Mediana	33	54	89
Moda	33	54	100

Fuente: Elaborada con información obtenida de los resultados en el examen aplicado en la ciudad de Mexicali.

Al revisar la tabla 7 se puede observar que, si el examen hubiera tenido el valor total de la calificación en la materia, la media del examen hubiera sido de 55, esto es, 30 puntos menos que la media de la calificación en la materia. La mediana en el examen sería de 35 puntos menos, y la moda, de 46 puntos menos.

Esta información indica que existe poca relación entre las calificaciones obtenidas en el examen y la calificación final de la materia. También indica que existe poca probabilidad de que la puntuación obtenida por parte de los alumnos en el examen sea un indicador del nivel de su dominio sobre la materia, o viceversa.

Sin embargo, para más precisión en este resultado, se realizó un análisis de correlación entre la puntuación obtenida en el examen departamental, considerando que el examen hubiera valido el total de la calificación, y la puntuación obtenida en la asignatura. No obstante, al igual que el resultado obtenido a través de la media, la mediana y la moda, la correlación resultó de 0.24, lo cual indica que existe una correlación positiva débil.

En la tabla 1. *Diagrama de dispersión* se muestra un diagrama de dispersión positiva, sin embargo, la nube es muy dispersa, lo cual indica, como se mencionó en el párrafo anterior, una correlación débil.

Finalmente, después de analizar los resultados obtenidos en el examen departamental de Morfosintaxis de la Segunda Lengua y las calificaciones obtenidas por los alumnos en la materia, se puede concluir que, si bien existe una relación entre estas variables, es una relación débil. Por tal motivo, no se recomienda aseverar que, entre mayor puntuación obtengan los alumnos en el examen departamental, mayor es su dominio sobre la materia.

¿Qué pasa con el grado de homogeneidad entre grupos?

Como ya se ha comentado en otros capítulos, para la UABC, uno de los objetivos de los exámenes departamentales es identificar el grado de homogeneidad entre maestros que imparten la misma asignatura a diferentes grupos. Para poder medir este grado, se analizó la media obtenida entre diferentes grupos y la dispersión en la desviación estándar obtenida entre grupos de las ciudades de Tijuana y Mexicali.

A través de la media se logró identificar la cercanía existente entre los resultados obtenidos de diferentes grupos en la ciudad de Mexicali, en los que el examen de Morfosintaxis de la Segunda Lengua fue aplicado a cuatro grupos y a un total de 73 alumnos. En la tabla 8 se puede observar que existe una diferencia de 8.7 puntos entre la media más baja, que resultó de 29.2, y la media más alta, de 37.9. También se puede observar que los grupos 102, 103 y 104 cuentan con una media por debajo del grupo 105, y se puede deducir que la media general en Mexicali es de 32.72.

Después de analizar esta información, se sugiere realizar una reunión con los maestros que imparten la materia de Morfosintaxis de la Segunda Lengua. En donde los docentes podrán hablar sobre los resultados obtenidos y sus experiencias, con el fin de que las medias sean más cercanas, lo cual conllevaría mayor homogeneidad.

Tabla 8. *Media de grupos de Mexicali*

Grupo	Media
102	32.8
103	29.2
104	31.0
105	37.9

Fuente: Elaborada con información obtenida de los resultados en el examen aplicado en la ciudad de Mexicali.

Por otra parte, en la ciudad de Tijuana no se logró identificar la media entre grupos, pero se logró obtener la media total de los 131 estudiantes que presentaron el examen. Aquí, la media general fue de 34.3. Esto es 1.58 puntos mayor que la media general de Mexicali. Lo cual indica que la homogeneidad entre las dos ciudades es evidente y positiva. Sin embargo, hay que recordar que la media es baja y, si bien existe homogeneidad positiva, también significa que, en general, la media en ambas ciudades es baja. Esto indica revisar cada uno de los reactivos del examen para identificar las causas por las que los estudiantes, tanto de Mexicali como de Tijuana, obtienen una media baja.

La desviación estándar de Tijuana y Mexicali como medida aritmética

La desviación estándar ayudó a observar la uniformidad de los resultados obtenidos entre los alumnos de Tijuana y Mexicali. Entre mayor uniformidad, menor riesgo de que los estudiantes hayan contestado al azar. En el caso de Tijuana, se cuenta con una desviación estándar de 5.69 puntos en el examen de Morfosintaxis de la Segunda Lengua, mismo que cuenta con un total de 61 reactivos, como ya se ha mencionado. Por otra parte, en Mexicali, la desviación estándar es de 7.11. Esto es, existe una diferencia de 1.42 puntos entre Mexicali y Tijuana, la cual es mínima y da evidencias suficientes para concluir que contestar al azar por parte de los alumnos no es un factor determinante en los resultados del examen.

Por otro lado, aunque la diferencia entre la desviación estándar de Tijuana y Mexicali sea mínima e indique que existe un cierto grado de homogeneidad, se tiene que llevar a cabo una serie de actividades en las que los docentes de los dos municipios que impartieron la asignatura, puedan intercambiar experiencias para que la dispersión sea menor y el índice de homogeneidad sea más alto.

Grados de calidad técnica del examen

El índice de dificultad de un examen es uno de los elementos básicos en su análisis, sobre todo en uno a gran escala como lo es el Examen departamental de Morfosintaxis de la Segunda Lengua. Esto es debido a que muestra la dificultad de cada uno de los ítems. Entre más estudiantes contesten un ítem de manera correcta, menor será el índice de dificultad. Sin embargo, el índice de dificultad se expresa de .0 a 1.00. Entre más se acerque el índice de dificultad al 1.00, más fácil será el ítem, y entre más se acerque al 0, más difícil será.

En el caso de Mexicali, en el examen de Morfosintaxis de la Segunda Lengua, 44% de los ítems son considerados muy fáciles o, por el contrario, muy difíciles. Este dato llama la atención debido a que el porcentaje contribuye muy poco o nada en el análisis de los ítems.

Sin embargo, en los resultados de Tijuana, el porcentaje de los ítems considerados como muy fáciles o muy difíciles es del 56%. Esto es, 12% mayor a los resultados obtenidos en Mexicali. Por tal motivo, se sugiere revisar cada uno de estos ítems para conocer si pueden ser corregidos o si simplemente tienen que ser eliminados, y que se elaboren otros ítems que los puedan reemplazar.

Aplicación del índice de discriminación de los ítems

Como se ha mencionado en otros capítulos, el índice de discriminación (representado por una "D") permite revisar el número de evaluados que contestaron el ítem de forma correcta. Entre ellos, identifica cuántos tuvieron el mayor número de ítems correctos en el examen y contestaron de manera correcta dichos ítems. De la misma forma, permite identificar el número de evaluados con el menor número de ítems correctos en el examen y a los que contestaron dichos ítems de manera correcta. Con este análisis y sus resultados se generan diferentes conclusiones: si un ítem es contestado por la mayoría de los alumnos que obtuvieron un mayor número de aciertos en el examen y por pocos alumnos que cuentan con el menor número de aciertos, significa que el ítem cuenta con un buen índice de discriminación.

Por otro lado, si el índice es contestado por pocos alumnos con el mayor número de aciertos en el examen y, a su vez, es contestado por muchos alumnos que obtuvieron el menor número de aciertos, significa que el ítem no tiene un buen índice de discriminación. Esto se debe a que el ítem debe poder diferenciar entre los evaluados que sí saben y los que no.

En el caso de este examen, el análisis hecho para identificar el índice de discriminación de cada ítem muestra que por lo menos 20 ítems fueron clasificados como pobres. También se identificó a otros cuatro ítems con un nivel de discriminación tan bajo que se sugiere que sean eliminados y reemplazados por otros. Esta sugerencia se basa en Ebel y Frisbie (1986), quienes proponen que aquellos ítems con un índice de discriminación de .19 o menos, deben ser mejorados o rechazados.

Aplicación de la correlación del punto biserial

Las conclusiones de la correlación de punto biserial es que son mínimos los ítems que cuentan con una correlación alta. También se puede decir que la mayoría de los ítems cuentan con una correlación entre mediana y pequeña. Si bien hay una diferencia entre los resultados obtenidos entre Tijuana y Mexicali, ya que 13 de los ítems obtuvieron una correlación mediana en Tijuana y en Mexicali fueron 20, al momento de sumar el total de ítems que obtuvieron una correlación mediana o pequeña, en Tijuana suman 50, mientras que en Mexicali suman 51. Como se puede ver, la diferencia es sólo de un ítem.

Esta información brinda los suficientes elementos para concluir que el examen de Morfosintaxis de la Segunda Lengua debe ser revisado, se deben identificar los ítems con las correlaciones más bajas y decidir qué ítems pueden ser mejorados, y cuáles eliminados y reemplazados por otros. Esto a pesar de que la correlación se encuentra, en su mayoría, por encima del .10.

¿Cómo administrar el examen? La importancia en su forma de aplicación

La administración del examen juega una parte importante en la protección de los ítems y en su validez. Una buena administración previene que se filtre información, lo cual, obviamente, permite contar con resultados sin alteración por factores externos. Algunos ejemplos de posibles factores de alteración pueden ser: copiar una respuesta durante la aplicación del examen o informar a otros estudiantes sobre los ítems al terminarlo.

De acuerdo con Haertel (1999, citado por McCallin, 2016), presentar mucha evidencia para apoyar una propuesta no ayuda mucho si se carece de evidencia para apoyar otros aspectos centrales. Esto significa que un examen debe ser respaldado por evidencia de cada una de las decisiones tomadas durante la elaboración del mismo. Esto, al parecer, aplica al caso del examen de Morfosintaxis de la Segunda Lengua, ya que se puede encontrar evidencia fuerte sobre la elaboración de ciertos aspectos del examen, sin embargo, no es así en todos.

Para ejemplificar, en Mexicali no existe evidencia de que haya existido algún tipo de capacitación previa para la aplicación del examen, sólo se llevó a cabo supervisión durante éste. De acuerdo con McCallin (2016), la falta de capacitación podría afectar la validez de un examen debido a que los resultados podrían ser afectados. Lo cual llevaría a que los resultados no mantengan su confiabilidad.

En el caso de Tijuana, se pudo apreciar una aplicación más metódica respecto a Mexicali. En esa ciudad se cuidó más la integridad del examen, pues no se permitió a los estudiantes ingresar con aparatos electrónicos con los que pudieran tomar fotos o enviar mensajes.

También se enumeraron las hojas que acompañan el examen. Aspecto que ayuda a contar con un mejor registro de las hojas entregadas, evitando que algún alumno se las lleve del lugar donde se aplica el examen y las reproduzca. Y, al igual que en Mexicali, durante el examen se contó con docentes aplicadores, quienes ayudaron a supervisar a los estudiantes.

Sin embargo, es importante contar con capacitaciones para quienes aplicarán el examen, y que dicha capacitación se lleve a cabo en ambas ciudades. De acuerdo con McCallin. (2016), quienes administran los exámenes, asumen una tarea importante durante su aplicación, ya que maximizan la seguridad de éste. Actividad que ayuda a mantener seguros los exámenes y permite contar con resultados sin alteraciones, mismos que ayudan, a su vez, a elaborar juicios y tomar decisiones certeras.

Calificar los exámenes: un proceso que termina en la presentación de los resultados

El examen de Morfosintaxis de la Segunda Lengua fue contestado en papel. Para esto se entregó un cuadernillo con los reactivos, las lecturas y una hoja de respuestas. Una vez concluida la aplicación del examen, se enviaron las hojas de respuesta al Instituto de Investigación y Desarrollo Educativo (IIDE). Ahí se pasaron por una máquina que registró las respuestas con un láser. Una vez concluido este proceso, el IIDE envío una USB con los resultados del examen.

Una vez que se contó con los resultados, se dividieron las calificaciones de los alumnos por grupo para entregar la evaluación a los docentes correspondientes. No obstante, esta información fue limitada y, además, no se envió a los estudiantes. De acuerdo con Zenisky y Hambleton (2016), no importa si un examen fue aplicado en papel o de manera electrónica, para individuos o grupos, los reportes deben incluir elementos descriptivos y datos.

De acuerdo con Zenisky y Hambleton (2016), los informes podrían presentar la siguiente información:

- Nombre del examen
- Fecha del examen
- Título del reporte
- Propósito del reporte
- Guía para el uso de los resultados
- Glosario de términos
- Calificación
- Porcentaje
- Posición en el grupo de acuerdo con los resultados
- Entre otros

Como ya se comentó, la información presentada a los docentes fue limitada. No se contó con un formato preestructurado para informar, tanto a los docentes como a los estudiantes, sobre los resultados en el examen. Por tal motivo, se sugiere diseñar un formato que considere las necesidades de los docentes, las necesidades de los alumnos y los objetivos de la evaluación. Con este formato se podría dar un mejor seguimiento a los resultados del examen, e incluso se podrían comparar resultados actuales con resultados de evaluaciones anteriores.

Capítulo VIII
Conclusiones y sugerencias

Para seleccionar el contenido del examen, primero se revisó la Unidad de Aprendizaje de la materia de Morfosintaxis de la Segunda Lengua. Se revisó la competencia general, se revisaron las competencias específicas de cada unidad y se analizó cada tema y subtema de éstas. Se revisó también que cada tema ayudara, de alguna manera, a alcanzar la competencia establecida.

Se reunió a un equipo conformado por docentes que han impartido la materia y a un experto, con la finalidad de analizar los contenidos de la asignatura. El equipo analizó cómo cada uno de los temas se conecta con temas de unidades anteriores o posteriores.

Durante el ejercicio, se fue viendo cómo algunos temas conectaban con uno o más, diversos. Algunos de ellos se conectaban hasta con otros cinco temas. Y también existió un caso en el que algunos temas no conectaban con ningún otro.

Después, se reunió a un segundo equipo de expertos en la materia para que, en un ejercicio de doble ciego, pudieran clasificar cada tema como importante o esencial de acuerdo con lo mucho o poco que aportaba a la materia y según la cantidad de conexiones que tenía cada uno.

Una vez analizado el proceso de la elaboración del examen, se pudo constatar que el contenido de la asignatura es el mismo que se usó en los reactivos del examen, lo cual brinda validez a esta sección del examen. Aunado a esto, se contó con el ejercicio donde se pudo apreciar cómo conectaban los temas. También se contó con el producto final, donde los expertos en la materia clasificaron cada uno de los temas. Y se contó también con las especificaciones del examen, mismas que tienen a su vez elementos propuestos por Ebel y Frisbie (1986) para la construcción de especificaciones de un examen, y que fueron mencionados en el capítulo IV.

Finalmente, se puede concluir que, debido a la diferencia entre la media, la mediana y la moda obtenidas con base en los resultados del examen de Morfosintaxis de la Segunda

Lengua, y aquellas obtenidas en la calificación final en la materia, existe una diferencia significativa de hasta 46 puntos entre las evaluaciones. Esto quiere decir que obtener una calificación reprobatoria en el examen departamental no es indicador de que se obtendrá una calificación reprobatoria en la materia. El resultado puede significar diferentes cosas:

* Que el examen no es un buen indicador de los conocimientos adquiridos en la materia.
* Que las evaluaciones realizadas por los docentes en la materia son altamente subjetivas.
* Que los evaluados se estresan frente a un examen, etcétera.

Sin embargo, no se puede llegar a una conclusión si no se revisan los ítems del examen para fortalecer su calidad técnica.

Este resultado es confirmado con el estudio de correlación realizado entre las calificaciones del examen y las calificaciones obtenidas por los alumnos en la asignatura. En el estudio se mostró que existe una correlación positiva débil entre estas variables y que, por lo tanto, no se recomienda aseverar que entre mayor puntuación obtengan los alumnos en el examen departamental, mayor es su dominio sobre la asignatura.

El índice de homogeneidad, por otra parte, fue medido con base en la media obtenida entre los grupos que cursaron la materia de Morfosintaxis de la Segunda Lengua. Aquí se demostró que existe mayor índice de homogeneidad entre los tres grupos con la media más baja, lo cual abre un área de oportunidad para que los docentes que imparten esta materia puedan trabajar en conjunto para mejorar los resultados obtenidos.

Por otra parte, existe una mínima diferencia entre la desviación estándar de Tijuana y Mexicali, lo que indica que existe cierto grado de homogeneidad. Aun así, se tiene que llevar a cabo una serie de actividades en las que los docentes de Tijuana y Mexicali que impartieron la asignatura de Morfosintaxis de la Segunda Lengua puedan intercambiar experiencias para que la dispersión sea menor y el índice de homogeneidad sea más alto.

En cuanto al índice de dificultad, se observa que un alto porcentaje de los ítems, más de 44%, son considerados muy fáciles o muy difíciles, lo cual sugiere que contribuyen muy poco o nada en su análisis. Este resultado implica una revisión de cada ítem con estas características para que se decida cuáles pueden ser mejorados, o bien, eliminados y reemplazados por otros.

En el caso del índice de discriminación de cada ítem, se muestra que por lo menos 20 fueron clasificados como pobres. También se identificó a cuatro ítems con un nivel de discriminación tan bajo que se sugiere que sean eliminados y reemplazados por otros. Esta sugerencia se basa en Ebel y Frisbie (1986), como ya se ha mencionado.

El análisis de la correlación del punto biserial confirma los resultados obtenidos por el índice de discriminación, al detectar que, entre Mexicali y Tijuana, existen alrededor de 16 ítems con una correlación mediana. Aunado a esto, se detectaron alrededor de 34 ítems con una correlación pequeña, lo que sugiere que el examen cuenta en su mayoría, efectivamente, con una correlación pequeña.

La administración del examen, por otro lado, sugiere la necesidad de manuales para su aplicación, así como brindar capacitación a los docentes que lo aplicarán. Sin estos elementos, la validez del examen se pone en riesgo, pues se da la probabilidad de que los ítems puedan ser extraídos y compartidos con otros estudiantes, restando credibilidad a cualquier decisión que se pudiera tomar con base en los resultados.

Asimismo, el proceso de evaluación fue llevado a cabo por medio de una máquina que escaneó las hojas de respuesta, lo cual reduce la probabilidad de error. Aun así, en este examen falta elaborar un formato con el cual se puedan dar a conocer las calificaciones, tanto a los docentes, como a los alumnos que fueron evaluados. De acuerdo con Zenisky y Hambleton (2016), los resultados pueden ser usados para motivar un cambio en la forma en que se imparten clases.

Respecto al contenido de la materia, se puede inferir que éste y el contenido utilizado en la elaboración de los ítems es el mismo. Esto se logró gracias a la metodología utilizada en la identificación de los temas y su relación entre cada uno de ellos.

Es importante recordar que la elaboración de un examen departamental implica una gran responsabilidad, pues los resultados pueden afectar tanto a estudiantes como a docentes, e inclusive a programas educativos. De igual forma, se debe tener en cuenta que la elaboración de un examen es un proceso que se inicia con su planeación, continúa con la elaboración, después se aplica, se revisan los resultados, se someten a análisis, se corrigen los ítems con observaciones, y se vuelve a aplicar. Debe ser, pues, todo un proceso que no termine en la formulación del examen por sí mismo y en su aplicación, sino en la presentación de los resultados.

Finalmente, se concluye que no se pueden tomar decisiones con base en los resultados del examen de Morfosintaxis de la Segunda Lengua. Sin embargo, se sugiere dar seguimiento y trabajar en cada uno de los ítems que cuente con observaciones, con el objetivo de fortalecer la calidad técnica del examen.

REFERENCIAS

Abad, F., Garrido, J., Olea, J. y Ponsoda, V. (2016). *Introducción a la psicometría: Teoría Clásica de los Tests y Teoría de la Respuesta al Ítem*. España: Universidad Autónoma de Madrid-Facultad de Psicología.

Aiken, L. (2003). *Tests psicológicos y evaluación*. México: Pepperdine University Pearson Education. ISBN: 970-26-0431-1.

Anastasia, A. y Urbina, S. (1998). *Tests psicológicos*. 7ª. edición. México: Pearson Education.

Argibay, J. (2006). *Técnicas psicométricas: Cuestiones de validez y confiabilidad. Subjetividad y procesos cognitivos*. Argentina: Universidad de Ciencias Empresariales y Sociales (UCES).

Armendáriz, R., Carreón, A., Portillo, I., Favela, A. y Rivera, C. (2016). *Análisis de resultados del examen departamental: caso de estudio departamental de fundamentos de programación*. CULCYT. Universidad Autónoma de Ciudad Juárez. No 59, especial No.2. Recuperado de: <https://pdfs.semanticscholar.org/ef0e/68203b8b0bc7119a2f-91b6ae334cd5c94e17.pdf>.

Arnaut, A. y Giorguli, S. (2010). *Los grandes problemas de México*. Vol. VII. México: Colegio de México, ISBN 978-607-462-167-9.

Backhoff, E., Larrazolo, N. y Rosas, M. (2000). Nivel de dificultad y poder de discriminación del Examen de Habilidades y Conocimientos Básicos (EXHCOBA). En *Revista Electrónica de Investigación Educativa*. Vol. 2 (1). Marzo. Recuperado de: <http://redie.uabc.mx/vol2no1/contenido-backhoff.html>.

Baker, F. (2001). *The Basics of Item Response Theory*. Estados Unidos: ERIC Clearinghouse on Assessment and Evaluation. University of Wisconsin. ISBN 1-886047-03-0

Borrego, P. y Santana, M. (2015). *Modificación de los índices psicométricos de los exámenes departamentales diseñados para la evaluación de los residentes de Medicina*

Interna del posgrado de la Facultad de Medicina, UNAM, *en función de cinco o cuatro opciones de respuestas*. México: UNAM. Recuperado de: <https://www.medigraphic.com/pdfs/medintmex/mim-2015/mim153f.pdf>.

Escudero, E. y Segura, F. (1992). Desarrollo del examen de habilidades y conocimientos básicos (EXHCOBA). En *Revista de la Educación Superior*. Vol. XXI, No. 3 (83). 95-118. México: ANUIES. Recuperado de: <https://metrica.edu.mx/wp-content/uploads/2014/10/1992_Desarrollo_del_EXHCOBA.pdf>.

British Council (2019).

Brewster, B. (2005) *The history of experimental social psychology*. Recuperado de: <https://www.academia.edu/1747509/The_History_of_Experimental_Social_Psychology>.

Carlson, J. y Von Davier, M. (2013). *Item Response Theory. ETS RYD Scientific and Policy Contributions Series*. Recuperado de https://www.ets.org/Media/Research/pdf/RR-13-28.pdf https://www.ets.org/research/policy_research_reports/publications/report/2013/jrmd.html

Caudillo, L., Miranda, A., Sánchez-Corral, E. y Segrera, A. (2007). *Exámenes departamentales en la UIA, CM: Reglamentación, Diseño, Aplicación en Línea y uso de los Resultados*. México. ISBN: 978-970-92251-2-9.

Cohen, J. (1988). *Statistical Power Analysis for the Behavioral Sciences*. 2ª. edición. Nueva York.

CUCBA. Reglamento Interno para la Aplicación de Exámenes Departamentales (s./f.) Normatividad CUCBA. Centro Universitario de Ciencias Biológicas y Agropecuarias. Universidad de Guadalajara. México. Recuperado de: <http://www.cucba.udg.mx/sites/default/files/pdf/REGLAMENTO_EX_DEP.PDF>.

Ebel, R. y Frisbie, D. (1991). *Essentials of Educational Measurement*. 5a. edición. Nueva Delhi, India: Prentice-Hall of India.

ENLACE (s./a.) Recuperado de: <www.enlace.sep.gob.mx/ba/aplicacion/>. 7 de junio de 2019. <http://www.educacionbc.edu.mx/departamentos/evaluacion/evaluaciones/ebasica/enlace.php#:~:text=La%20prueba%20ENLACE%20se%20aplica,y%20programas%20de%20estudio%20vigentes>.

Fein, M. (2012). *Test development: Fundamentals for certification and evaluation. The American Society for Training and Development*. Estados Unidos.

Gaceta UABC (2018). *Estatuto Escolar de la Universidad Autónoma de Baja California*. Anexo No. 408. México.

GRE (2008). *Graduate Record Examinations (GRE): Factors that can influence Performance on the GRE general test*. Estados Unidos: Educational Testing Services.

GRE History (1999-2022). GRE History. *Manhattan Review*. <https://www.manhattanreview.com/gre-history/>.

Guardia, J. *et al.* (2012). *Análisis de datos en psicología.* 2ª. edición. Barcelona: Delta.

Haladyna, T. (2004). *Developing and Validating Multiple-Choice Test Items.* 3a. edición. Nueva Jersey: Lawrence Erlbaum Associates..

Hernández *et al.* (2018). Sobre el uso adecuado del coeficiente de correlación de Pearson: definición, propiedades y suposiciones. En *Archivos Venezolanos de Farmocología y Terapeutica.* Vol. 37. núm. 5. Colombia.

Herrera, A. (1998). *Notas sobre psicometría: Guía para el curso de psicometría.* Santafé de Bogotá: Universidad Nacional de Colombia. Facultad de Ciencias Humanas Departamento de Psicología. Febrero. Recuperado de: <file:///C:/Users/52686/Downloads/toaz.info-herrera-a-1998-notas-de-psicometria-1-2-historia-de-psicometria-y-teoria--pr_591d5e300aee76de98bb10b77fa2ee43.pdf>.

Holster, T. y Fukuoka University (2016). Rasch analysis for dichotomous ítems. En *The Japan Language Testing Association.* Vol. 19 Supplementary: 20th Anniversary Special Issue. Recuperado de: <https://www.researchgate.net/publication/312328568_Rasch_analysis_for_dichotomous_items>.

Hussain, S., Tadesse, T. y Sajid, S. (2015). Norm-Referenced and Criterion-Referenced Test in EFL Classroom. En *International Journal of Humanities and Social Science Invention.* Vol. 4. Issue 10. Octubre. ISSN 2319-7722.

Instituto Nacional para la Evaluación de la Educación (INEE) (2016). *Criterios técnicos y de procedimiento para el análisis de los instrumentos de evaluación, el proceso de calificación y la definición de las listas de prelación de los concursos de oposición para el ingreso al Servicio Profesional Docente en Educación Básica (EB) y Educación Media Superior (EMS) para el ciclo escolar 2016-2017.* México.

Lawrence, I., Rigol, G., Van Essen, T. y Jackson, C. (2003). *A historical perspective of the content of the SAT.* Nueva York: College Entrance Examination Board.

LeBlanc, V. y Cox, M. (2017). Interpretation of the point-biserial correlation coefficient in the context of a school examination. The Quantitative Methods for Psychology. Vol.13. No.1. En *Electronic Scientific Research Journal.* Recuperado de: <https://www.tqmp.org/RegularArticles/vol13-1/p046/p046.pdf>.

Leenen, I. (2014). *Virtudes y limitaciones de la teoría de respuesta al ítem para la evaluación educativa en las ciencias médicas. Investigación en Educación Médica.* México. ISSN: 2007-5057.

López, R. (2017). *Origen y evolución del Ceneval.* México: Ceneval.

Lord, F. y Novic, M. (1968). *Statistical Theories of Mental Test Scores.* Estados Unidos: Addison-Wesley Publishing Company.

Martínez, F. *et al.* (2015). *Las pruebas ENLACE para educación básica: Una evaluación para el Instituto Nacional para la Evaluación de la Educación.* México: Instituto Nacional para la Evaluación de la Educación.

Martínez *et al.* (2015). Las pruebas ENLACE y EXCALE: Un estudio de validación. En *Cuadernos de investigación*. No. 40. México: Universidad Autónoma de Aguascalientes.

McCallin, R. (2016). Test Administration. En S. Lane, M. Raymond y T. Haladyna (Eds.). *Handbook of Test Development*. 2ª. edición. México: Routledge, pp. 567-584.

Mead, R. (2008). *A Rasch primer: the measurement theory of Georg Rasch. Psychometrics services research memorándum 2008-001*. Estados Unidos: Maple Gove, MN: Data Recognition Corporation.

Mondragón, M. (2014). Uso de la correlación de Spearman en un estudio de intervención en fisioterapia. En *Movimiento científico*. Vol. 8, pp. 98-104. Diciembre. Recuperado de: <https://revmovimientocientifico.ibero.edu.co/article/view/mct.08111/645>. ISSN: 2011-7191.

Mülberger, A. (2017). Mental association: Testing individual differences before Binet. En *Journal of the History of the Behavioral sciences*. Vol. 53. DOI: <10.1002/jhbs.21850>.

Muñiz, J. (1998). La Medición de lo Psicológico. En *Psicothema*. Vol. 10. No.1 ISSN 0214-9915. Recuperado de: <http://www.psicothema.com/pdf/138.pdf>.

Muñiz, J. (2010). Las teorías de los tests: Teoría Clásica y Teoría de Respuesta a los Ítems. En *Papeles del Psicólogo*. Vol. 31(1). Pp. 57-66.

Nunally, J. (1987). *Teorías psicométricas*. México: Trillas.

Niño, L., Macías, J. y Luzanilla, E. (s./f.). *Examen a gran escala de referencia criterial para evaluar el dominio de la formación cívica y ética al egreso de la educación secundaria en Baja California*. México: X Congreso Nacional de Investigación Educativa.

Olmos, J., Blanchart, M., Cebollero, M. y Oset, J. (2012). *Análisis de datos en psicología*. 2ª. edición. España: Delta Publicaciones.

Osterlind, S. (1998). *Constructing Test Items: Multiple-Choice, constructed-Response, Performance, and Other Formats*. 2ª. edición. Estados Unidos: Kluwer Academic Publishers.

Padilla, R. (2009). Exámenes masivos internacionales y nacionales. ¿Encuentros o desencuentros? En *Perfiles Educativos*. Tercera época, vol. XXXI, núm. 123. México: IISUE-UNAM.

Pillsbury, W. (1947). *Biographical memoir of James McKeen Cattell 1860-1944*. National Academy of Sciences of the United States of America biographical Memoirs. Vol. XXV. Primera Memoria. Estados Unidos.

PLANEA en educación básica. (s./f.). Recuperado de <www.planea.sep.gob.mx/bienvenida/>. Información tomada el 7 de junio de 2019.

Prieto, G. y Delgado, A. (2003). Análisis de un test mediante el modelo de Rasch. En *Psicothema*. Vol. 15. No.1, pp.94-100. ISSN 0214-9915.

Sokal, M. (1984). *James McKeen Cattell and American Psychology in the 1920s*. Pennsylvania: Bucknell University Press.

TOEFL (2018). *TOEFL Research Insight Series*. Vol. 6: Estados Unidos: TOEFL Program History.

Universidad Autónoma de Baja California. Consejo Universitario de la UABC (2021). *Estatuto Escolar de la Universidad Autónoma de Baja California. UABC*. Mayo. Ed. Especial 460. <http://sriagral.uabc.mx/Externos/AbogadoGeneral/Reglamentos/Estatutos/03_EstatutoEscolarUABC_Reforma_May_202021.pdf>.

Universidad Autónoma de Baja California. Facultad de Ingeniería Mexicali (2022). Recuperado 27 de octubre de 2022 de: <https://ingenieria.mxl.uabc.mx/>.

Varma, S. (2003). *Preliminary Item Statistics Using Point-Biserial correlation and P-Values*. Estados Unidos: Educational Data Systems, Inc. Recuperado de: <https://eddata.com/perspectives/publications/>.

Velasco, V. (2011). *Evidencias de validez del examen de egreso del idioma inglés (Exedii)*. México: UABC. ISBN:978-607-607-01-3.

Williams, R., Zimmerman, D., Zumbo, B. y Ross, D. (2003). Charles Spearman: British Behavioral Scientist. En *The Human Nature Review*. Vol. 3. ISSN 1476-1084.

Wright, D. y Stone, M. (1979). *Best Test Design: Rasch Measurement*. Chicago. Estados Unidos: MesaPress.

Zenisky, A. y Hambleton, R. (2016). A Model and Good Practice for Score Reporting. En S. Lane, M. Raymond y T. Haladyna (Eds.). *Handbook of Test Development*. 2ª. edición. Estados Unidos: Routledge, pp. 585-602.

Formato de entrevista

Fecha: _________________   Hora: _________________
Lugar de entrevista: _______________________________________
Entrevistador: ____
Entrevistado: ____
Participación durante la elaboración del examen: _______________

El objetivo de la entrevista es analizar el procedimiento que se llevó a cabo en la elaboración del examen de Morfosintaxis de la Segunda Lengua.

1. ¿Cuál fue el motivo de la elaboración del examen?
2. ¿Cuál fue el procedimiento para elaborar el examen?
3. ¿Cómo se documentó el proceso de la elaboración del examen?
4. ¿Cuál fue el criterio que se usó para seleccionar a las personas que participaron en la elaboración del examen? ¿Qué otra metodología sugeriría para seleccionar a los docentes que participaron en la elaboración?
5. ¿De qué manera se han usado los resultados del examen? De haber sido utilizados, ¿cuál ha sido el impacto que han tenido y en qué ámbitos?
6. ¿Cuál fue el procedimiento que se llevó a cabo para elegir su muestra de informantes?
7. ¿Qué opinión tiene sobre la metodología utilizada en la elaboración e implementación y evaluación del examen?

Agradezco mucho que haya accedido a esta entrevista. Con la información recabada se podrá determinar la validez del examen.

Formato de cuestionario

Buenos días (tardes): Estamos trabajando en un estudio que tiene como objetivo analizar el proceso de la elaboración y aplicación del examen departamental de Morfosintaxis de la Segunda Lengua en la Facultad de Idiomas.

El estudio se llevará a cabo con los resultados que se obtuvieron de los estudiantes que presentaron el examen en mayo de 2017 en las ciudades de Mexicali y Tijuana. Como instrumento, se llevarán a cabo algunas entrevistas y cuestionarios con personas involucradas en el proceso y aplicación del examen antes mencionado. Por tal motivo, quisiéramos pedir su apoyo para contestar algunas preguntas que no tomarán mucho tiempo.

Le pedimos que conteste este cuestionario con la mayor sinceridad posible. No existen respuestas correctas ni incorrectas.

Instrucciones: Favor de leer las preguntas cuidadosamente antes de contestar.

1. ¿Qué puesto desempeñaba cuando se aplicó el examen?
2. ¿En qué semestre se aplicó el examen de Morfosintaxis de la Segunda Lengua?
3. ¿Cuántos estudiantes presentaron el examen?
4. ¿Cuándo se aplicó el examen?
5. ¿Qué valor se le dio al examen?
6. ¿Quién estableció el valor asignado?
7. ¿Quién coordinó la aplicación del examen?
8. ¿Quién participó en la aplicación del examen?
9. ¿Qué tipo de medidas se llevaron a cabo para cuidar que el examen o parte de su contenido no fuera copiado por estudiantes o docentes antes, durante y después de su aplicación?
10. ¿El examen fue presentado en computadora o a papel?
11. ¿Quién evaluó el examen?
12. ¿Qué información sobre los resultados del examen se entregó al docente y a los estudiantes?
13. ¿Se dio alguno otro seguimiento a los resultados del examen?

¡Agradecemos mucho el tiempo dedicado para contestar este cuestionario!

Carta de consentimiento informado

Estimado Sr. (a)................., esta entrevista (o cualquier otro tipo de instrumento para recogida de datos) es parte del trabajo de campo de la tesis intitulada **"Ejercicio del Psicólogo Organizacional: Un análisis de la pertinencia del programa educativo en el contexto laboral"** misma que estoy desarrollando para obtener el grado de Doctor en Educación. El objetivo de la misma es **Analizar el estado de correspondencia entre el desarrollo de las competencias de egreso referidas en psicología organizacional del Programa Educativo Licenciado en Psicología, en relación con la práctica profesional de psicólogos que se desempeñan en el área,** y busca entender ese fenómeno e informar al respecto.

Toda la información obtenida será absolutamente confidencial, con **fines académicos y de divulgación del conocimiento científico** de manera responsable, **profesional y ética**; con la finalidad de mejorar la calidad de la educación superior (o cualquier otro nivel).

De esta forma, le solicito muy atentamente su consentimiento voluntario para participar en dicha investigación, mediante la aplicación de técnicas de observación directa no participativa y entrevista, misma que será grabada en audio para respaldo y después ser transcrita; estas actividades no representan riesgo físico, psicológico o moral para usted. Si pertenece a algna organización se tramitará autorización con quién corresponda.

Yo_______(entrevistado)_____________________________ he leído y comprendido la información anterior, mis preguntas han sido respondidas de manera satisfactoria y no tengo ninguna duda.

Por tanto, autorizo y doy mi consentimiento para que la información sea utilizada para los fines que están señalados anteriormente.

Mexicali, B.C. a _____ de __________________ de 2019.

____

nombre y firma:

Nombre y firma del tesista   Nombre y firma de director de posgrado

Datos de contacto de tesista:

Datos de contacto de Director de Posgrado:

Correlación de Pearson

Calificación del examen departamental	Calificación en la asignatura	Calificación del examen departamental	Calificación en la asignatura	Calificación del examen departamental	Calificación en la asignatura
72.1	88	34.4	96	68.9	90
57.4	99	55.7	95	26.2	72
45.9	35	65.6	100	54.1	63
77.0	93	55.7	95	67.2	77
77.0	85	52.5	100	44.3	63
67.2	97	72.1	100	36.1	88
55.7	67	45.9	90	88.5	100
77.0	89	47.5	80	59.0	86
52.5	70	57.4	100	45.9	77
57.4	82	54.1	100	47.5	83
59.0	91	52.5	98	68.9	83
54.1	89	41.0	100	55.7	87
54.1	94	39.3	100	62.3	80
50.8	44	49.2	95	49.2	85
60.7	74	47.5	95	44.3	66
80.3	80	50.8	90	44.3	66
82.0	95	60.7	100	45.9	70
55.7	90	37.7	95	50.8	60
54.1	91	45.9	100	52.5	60
50.8	79	54.1	96	45.9	85
52.5	82	44.3	100	57.4	80
63.9	91	52.5	100	44.3	83
73.8	92	52.5	90	39.3	60
62.3	93	57.4	86	50.8	85
54.1	95	50.8	80		

El autor

José Manuel Casillas Domínguez

Doctor en Educación por la Universidad de Xochicalco, maestro en Docencia por parte de la UABC, licenciado en Docencia del Idioma Inglés. Profesor de tiempo completo en la Facultad de Idiomas de la UABC, campus Mexicali, donde imparte asignaturas y dirige tesis en los programas educativos de Licenciatura en Enseñanza de Lenguas y Maestría en Lenguas Modernas. Actualmente es coordinador de Formación Profesional.

ÍNDICE

Lectura contemporánea de los clásicos

¿Por qué leer a Alamán hoy?

Andrés Lira, Catherine Andrews, Josefina Z. Vázquez

¿Por qué leer a Bentham hoy?

José Juan Moreso, Germán Sucar

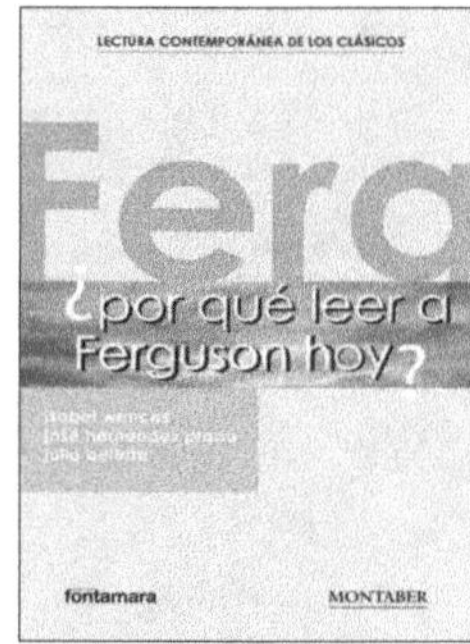

¿Por qué leer a Ferguson hoy?

Isabel Wences, José Hernández Prado, Julio Beltrán

¿Por qué leer a Mill hoy?

Mark Platts, Miguel Carbonell, Juan Carlos Geneyro

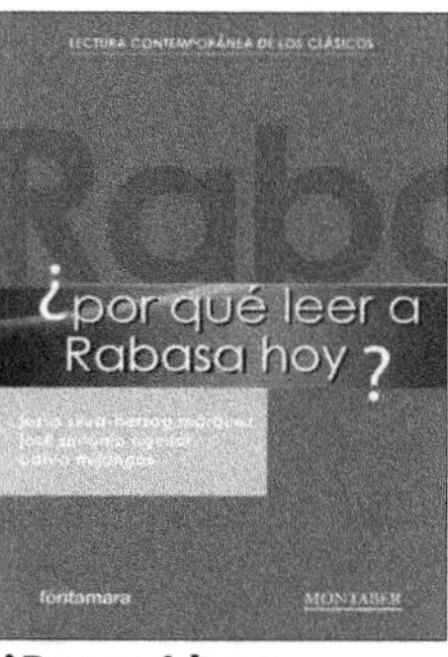

¿Por qué leer a Rabasa hoy?

Jesús Silva-Herzog Márquez, José Antonio Aguilar, Pablo Mijangos

¿Por qué leer a Rousseau hoy?

Antonella Attili, Luis Salazar Carrión, Julieta Marcone

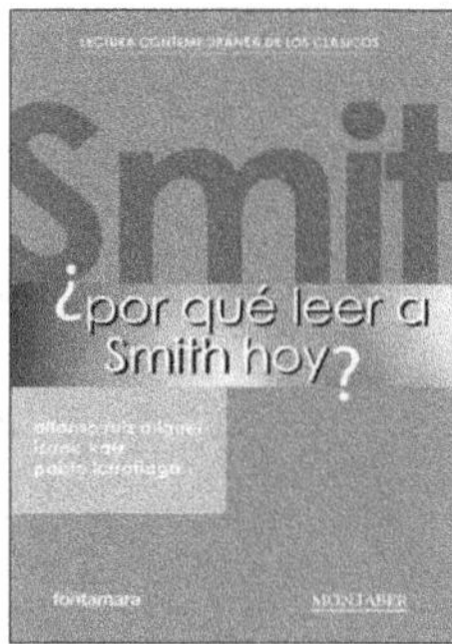

¿Por qué leer a Smith hoy?

Alfonso Ruiz Miguel, Isaac Katz, Pablo Larrañaga

¿Por qué leer a Tocqueville hoy?

Roberto Breña, Claudio López-Guerra, Jesús Silva-Herzog Márquez

¿Por qué leer a Weber hoy?

Nora Rabotnikof, Ulises Schmill, Gina Zabludovsky

Otros títulos publicados

Amor platónico

Hans Kelsen

Análisis de un examen estandarizado

José Manuel Casillas Domínguez

Derechos humanos. Un camino hacia la pacificación

Julio Cabrera Dircio

Experiencias adversas de la seguridad del paciente

Rosa Ortiz Rivera

Nuestros niños sicarios

Elena Azaola Garrido

En guerra por la vida. Crisis climática y transformación social

Josep Cabayol

La práctica de la terapia como construcción social

Sheila McNamee, Emerson F. Rasera, Pedro Martins

El imperativo relacional Recursos para un mundo al límite

Kenneth J. Gergen

Ideología y opiniones Estudios de psicología retórica

Michael Billig